人物篇

根敦群培传

天赋异禀的学术怪才
离经叛道的爱国精英

《幸福拉萨文库》编委会 编著

西藏人民出版社

图书在版编目（CIP）数据

根敦群培传/《幸福拉萨文库》编委会编著 . -- 拉萨：西藏人民出版社，2019.6（2021.9 重印）
（幸福拉萨文库）
ISBN 978-7-223-06333-3

Ⅰ.①根… Ⅱ.①幸… Ⅲ.①传记文学－中国－当代 Ⅳ.① I25

中国版本图书馆 CIP 数据核字（2019）第 079531 号

根敦群培传

编　　著	《幸福拉萨文库》编委会
责任编辑	计美旺扎
策　　划	计美旺扎
封面设计	颜　森
出版发行	西藏人民出版社（拉萨市林廓北路 20 号）
印　　刷	三河市东兴印刷有限公司
开　　本	710×1040　1/16
印　　张	13
字　　数	192 千
版　　次	2020 年 6 月第 1 版
印　　次	2021 年 9 月第 2 次印刷
印　　数	10,001-12,000
书　　号	ISBN 978-7-223-06333-3
定　　价	32.00 元

版权所有　翻印必究

（如有印装质量问题，请与出版社发行部联系调换）

发行部联系电话（传真）：0891-6826115

《幸福拉萨文库》编委会

主　　　任	齐 扎 拉	西藏自治区党委副书记、自治区政府主席
	白玛旺堆	西藏自治区党委常委、拉萨市委书记
常务副主任	张 延 清	西藏自治区政府副主席、日喀则市委书记
	果　　果	拉萨市委副书记、市长、城关区委书记
	车 明 怀	西藏社科院原党委书记、副院长
副 主 任	马 新 明	拉萨市委原副书记
	达　　娃	拉萨市委原副书记、市人大常委会主任
	肖 志 刚	拉萨市委副书记
	庄 红 翔	拉萨市委副书记、组织部部长
	袁 训 旺	拉萨市政协主席、经开区党工委书记
	占　　堆	拉萨市委常委、常务副市长
	吴 亚 松	拉萨市委常委、宣传部部长
主　　编	《幸福拉萨文库》编委会	
执 行 主 编	占　　堆	拉萨市委常委、常务副市长
	吴 亚 松	拉萨市委常委、宣传部部长
副 主 编	范 跃 平	拉萨市委宣传部常务副部长
	龚 大 成	拉萨市委宣传部副部长
	李 文 华	拉萨市委宣传部副部长
	许 佃 兵	拉萨市委宣传部副部长
	拉　　珍	拉萨市委宣传部副部长
	赵 有 鹏	拉萨市委宣传部副部长

委　　员　张春阳　拉萨市委常务副秘书长
　　　　　张志文　拉萨市人大常委会副秘书长
　　　　　杨年华　拉萨市政府副秘书长
　　　　　张　勤　拉萨市政协副主席
　　　　　何宗英　西藏社科院原副院长
　　　　　格桑益西　西藏社科院原研究员
　　　　　蓝国华　西藏社科院科研处处长
　　　　　陈　朴　西藏社科院副研究员
　　　　　王文令　西藏社科院助理研究员
　　　　　阴海燕　西藏社科院助理研究员
　　　　　杨　丽　拉萨市委宣传部理论科科长
　　　　　其美江才　拉萨市委宣传部宣教科科长
　　　　　刘艳苹　拉萨市委宣传部理论科主任科员

前言

红尘不系舟

1903年，这是一个在西藏历史上值得铭记的分界点。这一年，英国派上校荣赫鹏率三百多英军经印度锡金北部侵入西藏岗巴宗，引发"第二次侵藏战争"。此后半个世纪里，西藏一直处在动荡不安、风谲云诡的新旧更替之中。同年，在这特殊的历史背景下，一个注定要随着动荡时代荣辱沉浮的孩子诞生了。他被父母亲切地唤作"阿拉热诺"。

阿拉热诺的父母都信仰藏传佛教四大传承之一的宁玛派。因此，阿拉热诺自小便诵读宁玛派经典，并跟随寺庙里的经师学习藏文与诗词。在孩子眼中，世界是简单的。鲁曲河（位于青海省同仁县）潺潺的流水声，亚马扎西齐寺（位于青海省同仁县）琅琅的诵经声，清晨出门前母亲柔柔的叮咛声，傍晚回家时姐姐和邻家小孩的笑闹声……这便是小阿拉热诺熟悉并眷恋的整个世界。那时的他喜欢将僧袍罩在头上，光着脚四处奔跑。威严的父亲拦不住他，寺里的僧侣拦不住他，时代的愁云、世间的烦恼，统统拦不住他。

但七岁那年，一场变故轰然降临，打破了阿拉热诺关于未来的一切想象。他的父亲突然染病去世，家里的大部分财产被狠心的叔叔夺去。此后，阿拉热诺与母亲、姐姐在饥寒交迫中相依为命，他的性格在命运的风雨砥砺中变得愈发坚毅，甚至有些叛逆。

所幸，家庭的变故并未摧毁阿拉热诺的光明内心与学习热情，这位以聪敏精进著称的热贡少年先后在亚马扎西齐寺、西关寺（位于青海省同仁县）和底察寺（位于青海省化隆县）学经闻法。十四岁那年，他在底察寺正式剃度，由活佛夏玛根敦丹增嘉措授比丘戒，并取法名"根敦群培"。年轻的根敦群培以其惊人的记忆力与颖悟的天赋引起了当地一些大活佛的注意，因此备受关照。

数年后，羽翼渐丰的根敦群培只身赴甘南拉卜楞寺（位于甘肃省甘南藏族自治州夏河县）闻思学院进修因明①。在这里，无与伦比的辩才让他名扬四方，桀骜不驯的个性则让他吃尽苦头。

是依循经典，还是坚持自心？

是服从权威，还是维护真理？

终其一生，根敦群培都在这些不断涌现的矛盾中踽踽独行。他叛逆，甚至"任性"。他自幼聪敏异常，被认定为多吉扎寺活佛转世，却对宿命的金座毫无兴致；他本来可以凭借过人的学识青云直上，却弃拉让巴格西如敝屣；他像一颗耀眼的彗星，横扫西藏诸多寺院的辩论场，却在扬名之后决然远去，只身远赴印度求学……

他的每一次选择都无愧于真理和自心——这正是他毕生追求的一切。

1946年，四十三岁的根敦群培从印度回到拉萨定居。十多年的游历生涯并没有磨去根敦群培的棱角，反而让他手中的"武器"更加锋利。笔耕

---

①因明：佛教用来诠释哲学思想的形式方法，是义学一门重要的科目。

不辍的他用真实和睿智刺透了旧西藏社会的阴暗面。他在印度与西藏革命党的密切接触，让他很早便上了西藏噶厦①的"黑名单"。回到西藏后，他对那一套封建规矩公开表示厌恶，他对上层僧侣的伪善贪婪恨之入骨……所有这些，都使他在拉萨的处境越发艰难。

1947年，中国人民解放战争节节胜利，噶厦却以"制造伪钞"的可笑罪名逮捕了根敦群培。他先后被关押在朗孜厦监狱（位于西藏拉萨）和雪列空监狱（位于西藏拉萨），噶厦甚至专门为他成立了审讯小组。直到1950年11月，根敦群培才出狱。然而，此时的他早已被三年的牢狱生涯折磨成风中残烛。所以出狱不到一年，根敦群培便在病困交加中抱憾离世了。

若只是匆匆检视根敦群培的一生，我们可以将他简单定义为一位生不逢时的落魄学者。但事实上，他的身份是如此之多，其经历是如此传奇，以至于我们必须用一整本书的笔墨，才能勉力描摹一二。

根敦群培是一位不拘一格、热情奔放的杰出诗人，也是一位技法纯熟、风格独特的知名画家，更是一位征程万里、步履不停的伟大行者……这些身份常人得享其一已是幸事，根敦群培却仿佛得到了上天的特殊眷顾，得以身兼数"职"。不过，真正让人惊叹的是：这一切殊荣却成就于一个可怕的环境——帝国主义分子阴谋分裂，封建领主残酷统治，宗教氛围压抑陈腐的可怕环境里。回望近一个世纪的历史烟云，于浑浊不清的世道中茕茕孑立的根敦群培是如此耀眼！难怪后人无不心悦诚服地称他为：一个动荡年代里的奇迹。

读根敦群培，是在读一个个性鲜明的人，也是在读一个独一无二的时代。

---

①噶厦：西藏原地方政府。噶，命令；厦，房屋。噶厦，即发号施令的地方。

当然，像每个在世间行脚的旅人一样，根敦群培并不完美。面对未来，他有过彷徨；面对压力，他有过犹豫；面对欲望，他有过沉沦……

但是，在面对国家与民族大义时，他从未暧昧妥协！看似桀骜不驯的根敦群培，其实一生都践行着宽容与团结。他深知，教派斗争、民族分裂乃是羁绊西藏脚步的沉重包袱。只有放弃宗教和民族的偏见，旧西藏才能和新时代一起迎来春天。为此，出身宁玛派世家的他将自己最后一本著作取名为《白史》，以示"无所偏袒，公正团结"。

这条宽容与团结之路当然不好走——根敦群培甚至为此付出了生命的代价。但就像所有为后人披荆斩棘、移山开路的先行者一样，根敦群培的名字将永远流传于这片他用毕生心力去护持的土地上。

如今这里安宁祥和，万家灯火，正是他生前祈愿的模样。

目录

第一章
圣山脚下，慧根深种

圣山·劫数·002

降生·吉祥·005

宿命·信仰·011

少年·佛心·016

变故·温情·021

期守·噩耗·028

第二章
底察少年，心狂未歇

雕琢·砥砺·036

问名·弘法·038

颠覆·诘问·041

浅池·蛟龙·045

俊友·因明·050

辩经·妙智·055

第三章

雪域求法，智慧通达

放逐·远行·062

初临·艺心·068

论敌·勘破·073

桀骜·猛虎·079

契机·别离·085

智游·漫步·089

第四章

佛国识智慧，神通具足

佛国·苦行·096

交往·执迷·102

佛陀·真理·108

金卷·信仰·114

文心·语思·120

革命·金刚·127

主见·参悟·133

欲望·喜乐·137

锡兰·清静·140

第五章
诸事颠倒，自有安排

动荡·思乡·144

归程·故里·148

宽容·自由·155

偏执·争议·161

罪证·莫须有·166

囚徒·酷刑·174

蛰伏·获释·179

亲缘·消沉·183

人灭·轮回·188

主要参考文献·195

第一章
圣山脚下，慧根深种

根敦群培的家乡，是地形似枫叶状的青海热贡。他人生中最初的七年时光也似热贡的时局一样一波三折。尚未出生，他便被预言为多吉扎活佛的转世灵童，差点永远驻留在那遥远的多吉扎寺；1903年，他降生在被誉为"佛前莲花座"的圣山宗喀吉日（位于青海省湟中县）下，与许多先贤一同被铭记；四岁时，聪颖早慧的他跟随父亲进入亚马扎西齐寺，熟读宁玛派经典，早早展露其语言天分；七岁时，变故突生，打破了他关于未来的一切既定幻想……

圣山·劫数

1950年秋，一个平凡的早晨，来布达拉宫朝圣的信徒不约而同地注意到一个奇怪的僧人。他是如此瘦削，仿佛一阵风就能将他吹倒，让人忍不住想上前扶一把，但他满脸胡楂、衣衫褴褛，又实在让人不愿靠近。

落魄僧人他们见过不少，但像他这样神情恍惚，甚至有些魂不守舍的，倒是头一次遇到。行走在圣城拉萨的土地上，沐浴在圣山玛布日的阳光下，匍匐在圣殿布达拉宫的威严里，还有什么不能让他安心的呢？

他定定地站在山脚，一步不动，不知是已经找到了最完美的立足之处，还是尚不确定要往哪里迈步。远处从古象雄时代流传至今的五色风马旗①，在拉萨冷冽的风中不停摆动，似要抚平世间一切创伤才肯罢休。但有人的地方，就会有伤痛。他望着布达拉宫圣洁的白宫和供奉历代达赖喇嘛灵塔的红宫，心神却仿佛未从身后那座深渊一样黑暗无底的地牢里逃脱出来，依旧在炼狱般的折磨中哀号颤抖。

他，就是根敦群培。

根敦群培刚走出的那座地牢名为"雪列空"，五世达赖喇嘛阿旺罗桑嘉措重建布达拉宫时，设置了这座地狱般的监牢。哪怕骄阳当空，根敦群培依

---

①风马旗：风马旗上书有六字真言或八字真言，主要用来祈愿、护佑和驱魔。风马为藏语"隆达"的意译，"隆"为"风"，"达"为"马"。

然无法忘记那座监牢的黑暗与冷酷。他原先和普通犯人一起被关押在位于八廓街北段、大昭寺北部的朗孜夏监狱。《西藏志》有"大召旁有黑房数间"的记述,指的就是这里。根敦群培在那里受到噶厦的严刑拷打,却丝毫不改初心,暴戾的施刑者便将他关进了布达拉宫底下的雪列空监狱。

雪列空本是一个深不可测的地洞,改造成监狱后,它被百姓咬牙切齿地称为"蝎子洞"——这里蓄养了无数只手掌般大小的、仿佛来自地狱最深处的毒蝎,专门用来噬咬犯人。此刻,根敦群培耳边似乎依旧回荡着犯人遭受酷刑时的惨叫声。这是噶厦对他精神的拷问——像他这样拥有坚定信念的人,任何肉体上的凌虐都是徒劳。而在恢弘的布达拉宫下阴暗的地牢里,那些滴着枯血、透着怨恨的惨叫声像最锋利的藏刀,无数次剖开了他高昂了一生的头颅。

根敦群培走出监狱后做的第一件事就是努力地仰起头——仿佛这样就能更接近洁净天空,远离恶鬼地狱。只是,多年未修剪的乱发挡住了他的视线,他只能看到在乱发间肆意跳跃的细碎日光。多年的黑牢生活使他的视力退化严重,即便拨开乱发,也无法清晰地分辨光影,眼前巍峨的布达拉宫变得模糊缥缈,只有红白的宫墙与来往的人影不断晃动。看久了,阳光下的它们竟然变得如同琉璃幻境一样不真切。

根敦群培只能闭上眼睛静静地站着,用仅剩的一丝感知力,去感受这个久违的世界。在他耳畔,宫殿无言,红山也默默无语,它们就像难以捉摸的神明一样静观人世变迁,唯有山脚下连绵不绝的诵经声给他带来一丝安慰。那袅袅不绝的声响,就像他曾经试图记录的千年历史的回音,一遍遍讲述着那些传奇人物的善行与恶业、福祉与劫数。

"师尊!师尊……"

一阵恳挚的呼唤飘到根敦群培耳边,如同为迷航者驱散黑暗的灯塔。根敦群培回过头,朝声音传来的方向望去。他的眼睛还是没有完全适应阳光,只看见几个模糊又熟悉的人影穿过人群,向他走来。

"师尊,您怎么站在这里?我们来接您回家了!"

家?

根敦群培听出了声音的主人——是那几个虔诚而勇敢的学生！但那声音传达的语意让他再次陷入茫然：哪里是家？根敦群培努力在脑海里搜寻关于家的印象，缓缓地敲开尘封许久的记忆之门。在锡兰①，那里的椰林散发出迷人的热带气息；在印度大吉岭，那里有芳香的红茶和温煦的日光；在昌都，那条无名街道上来往的人群让他安心；在甘南的拉卜楞寺，寺前的丛拉②热闹无比；在化隆的底察寺，他的恩师根敦丹增嘉措正对他娓娓开示……最后，他终于敲开了童年的那扇小门，他听到阿爸阿妈，还有姐姐轻声唤他"阿拉热诺"，那声音如此温柔，在家乡的金色山谷里久久回荡。

　　是了！那里就是家！"金色山谷"热贡！

　　圣城的阳光终于温暖了根敦群培，他的思绪也在清澈的空气里变得明晰起来。他努力地睁开眼，终于看清了玛布日山上布达拉宫那红白交错的楼宇，就像阿爸身上那件红白交错的法衣……

---

①锡兰：斯里兰卡的旧称。在"锡兰"之前还称为"僧伽罗"。
②丛拉：西藏早期的市集，随藏传佛教寺院的创建而逐渐兴起。

降生·吉祥

热贡,根敦群培心心念念的家乡,所有故事开始的地方。

在藏语中,热贡是"金色山谷"的意思,吉祥的寓意为这里带来了千年不衰的盛景。热贡的寺院世代传承着精湛的绘画技艺,僧人们绘制的唐卡色彩艳丽,线条细致,精美绝伦。这让热贡收获了"唐卡艺术之乡"的美誉,根敦群培的画家身份也根源于此。

以唐卡出名的热贡是藏传佛教宁玛派[①]的兴盛之地。根敦群培的父亲阿拉杰布是宁玛派的一位小活佛,母亲白玛吉则是一位觉母,这样的出身在热贡已足够显赫,但根敦群培身上还藏着一个令人艳羡的传奇预言。

很多年前,根敦群培尚未出生时,阿拉杰布去拉萨朝佛,结识了多吉扎寺[②]的活佛吉美·索南朗杰。多吉扎寺是宁玛派六大寺院之首,多吉扎活佛自然备受尊敬。阿拉杰布邀请多吉扎活佛去热贡讲经,为当地僧俗开示佛法,多吉扎活佛欣然应允。阿拉杰布没想到的是,多吉扎活佛讲经结束,准备返程时,留下了一句差点改变根敦群培一生命运的预言。

他郑重地告诉阿拉杰布和白玛吉:"我将是你们的儿子。"意思是:阿拉杰布与白玛吉将来生下的儿子就是多吉扎活佛的转世灵童。多吉扎活佛特意留下了自己的持明帽作为这件吉祥之事的信物。

[①] 宁玛派:又被称为红教,藏传佛教四大传承之一,相对于其他三大传承"白教——噶举""花教——萨迦""黄教——格鲁",宁玛派属于旧派。"宁玛"一词的本意就是"古"或"旧"。宁玛派是藏传佛教各教派中历史最悠久的一个。

[②] 多吉扎寺:藏传佛教著名寺院,宁玛派六大寺庙之首。

这顶丝质的红色持明帽有着尖尖的帽顶，上面绣着莲台和十字金刚杵，再配上蓝色的丝帽带，煞是好看。根敦群培识字后，阿爸阿妈偶尔会拿出这顶持明帽，向他讲起这段逸事。但是，自幼聪颖天真、对世界充满好奇的根敦群培并不热衷于成为金座上的活佛。所以终其一生，他都未曾真正戴起过这顶象征地位与权柄的僧帽。

书读得越多，根敦群培就越不相信宿命。但阿妈不同，每次提及他降生前后显露的种种神迹时，阿妈的眼神总是无比虔诚。阿妈不止一次对他说："你本该出生在遥远的多吉扎寺，但上天最终让你在圣山宗喀吉日脚下诞生。那天，圣山就像一位安睡的菩萨，他枕边连绵的群山，恰似佛前盛开的白莲……"

阿妈所叙述的，并非是被岁月美化过的记忆，而是她亲眼所见，亲身所历。

1899年，阿拉杰布带着妻子白玛吉和七岁的女儿贡吉到西藏朝佛，目的地正是拉萨以南、雅鲁藏布江北岸的多吉扎寺。几个月风餐露宿的长途跋涉后，他们终于来到了这座宁玛派最重要的祖庭。

多吉扎寺以地处险峻著称，只听它的名字便让人生畏。藏语里，"多吉"意为"金刚"，"扎"则是"石山"之意。这座"金刚山"层峰迭出，怪石嶙峋，走山路进入几无可能，唯有渡船来往其中。

他们到达时已是深秋，河面上薄雾萦绕，寒风阵阵。渡船上的白玛吉紧紧抱着女儿，生怕她受凉。阿拉杰布倒是对严酷的天气毫不在意，兴奋地指着远处若隐若现的山峰对妻女喊道："快看！那就是金刚山！"

白玛吉抬眼看去，只见金刚山一片葱绿，山下依稀可以望见多吉扎寺白色的建筑群，半山腰还有一座白堡，不知是护法殿还是闭关房。阿拉杰布自顾自地向白玛吉介绍道："金刚山本是莲花生大师昔年的修行地，山顶至今留有天然的十字交杵和莲花生大师的手足印，到了之后我一定要上去瞻仰一番。"多吉扎寺是每个宁玛派僧人心中的圣地，阿拉杰布提起它自是滔滔不绝："据说，多吉扎寺最初就是由莲花生大师亲自命人修建的！不知是否还留有其他佛迹……"说到这儿，他远眺的目光越发恭谨，不自觉地抱紧了怀中被他细细包裹了好几层的宝贝——这是多吉扎活佛在离开热贡前向他定制的大威德金刚唐卡。

原来，阿拉杰布这趟既是朝圣之旅，也是践约之行。回想起当初接到多吉扎活佛嘱托时的惴惴不安，阿拉杰布仍能感到一丝忐忑。毕竟，这幅唐卡是要置放在宁玛派最负盛名的寺庙里，若是被无数前来朝圣的信徒认为不够完美，那辱没的不只是自己的信誉，更是整个"唐卡艺术之乡"的名声。幸好，热贡寺庙里的老画师们没有让他失望，刚拿到唐卡时，纵是见多了各种佳作的阿拉杰布也极为惊艳。这幅唐卡的绘制颜料由金、银、珍珠、玛瑙、珊瑚、松石、孔雀石等珍贵宝石炼制而成，甚是璀璨鲜艳。老画师的笔法雄浑而不失热烈，将画中九面三十四臂的大威德金刚的庄严威武展现得淋漓尽致。尤其是他眉间明黄色的怒纹，像极了正在燃烧的烈焰尖顶。

阿拉杰布相信，多吉扎活佛见了这幅唐卡一定会满心欢喜。想到这儿，他忍不住想打开严实的包裹，再看一眼这无与伦比的杰作，但又怕在晃晃悠悠的渡船上出现意外，或是破坏了唐卡表面的保护蜡，最后只得作罢。

"我们会再生一个儿子吗？"白玛吉突然的问话打断了阿拉杰布的思绪。

阿拉杰布这才想起多吉扎活佛给他们留下的不只有唐卡的嘱托，还有转世灵童的预言。"我还会有一个儿子？""我要让他一出生便成为众人敬仰的活佛吗？"这些问题如河面上骤然弥漫的雾气，看似无形，却真实地触碰着阿拉杰布的心绪。

"一切自有安排。"最终，阿拉杰布选择了顺其自然，他用温柔的声音回答妻子。

"但愿上天做出的，就是最好的安排。"白玛吉选择相信丈夫的判断和天命的善意。

怀着期待与忐忑交织的复杂心情，阿拉杰布领着妻女缓步上岸，朝多吉扎寺走去。

命运无常，总叫人措手不及。阿拉杰布没有想到的是，多吉扎活佛在他们来到之前便已去世。活佛逝世前曾交代寺中僧侣静候阿拉杰布，并对转世灵童之事也做了安排。见阿拉杰布并非只身拜访，而是携妻带女，多吉扎寺的僧侣自然将之视为天意，殷勤地安排阿拉杰布一家住下，并劝他们长期栖居，在此地生下转世灵童。

其实，阿拉杰布原本就有多留一段时间的打算。多吉扎寺中珍藏的无数典籍对他来说可谓最丰盛的精神食粮，他怎么能错过在此钻研佛法的机会呢？

埋首书卷的时光总是过得飞快，阿拉杰布一家在多吉扎寺一待就是三年。在这里，阿拉杰布每日读经求法，白玛吉则负责照顾他的起居，监督女儿的学习，一家人倒也安乐。

"阿妈，我们什么时候回家呀？"一天，正在帮阿妈漂洗衣物的贡吉突然问道。

"可能还要再住一段时间……这里不好吗？"白玛吉望着三年间长高了不少的美丽女儿，柔声问道。

贡吉歪着脑袋想了想："也不是不好，就是突然有点儿想家了……"

女儿天真的回答不经意间勾起了白玛吉的思乡之情。这里的生活虽然安逸，但确实少了热贡的自由与亲切。她摸了摸已隆起很高的肚子，心中暗想："是时候，做出最后的抉择了。"

原来，来到多吉扎寺的第二个夏天，白玛吉怀孕了。这让他们一家人喜出望外，也让多吉扎寺的僧侣们忙碌起来。他们为这一天早已做好了充分的准备，在得知消息的第一时间，他们便找到阿拉杰布："根据多吉扎活佛生前的预示，您的儿子将会是他的转世灵童。请您一家人在此安心居住，等到转世灵童降生，我们便让他继任活佛。"

沉浸在喜悦中的阿拉杰布对这突如其来的请求有些准备不足："可是，您又如何断定白玛吉腹中的一定是男孩呢？"

"佛祖的安排自有其道理，不妨让白玛吉在此生下孩子再做打算，这对白玛吉和孩子的健康都好。"僧人们听出了阿拉杰布言语间的犹豫，打算先稳住他。

阿拉杰布心想，孩子出生还需要一段时日，没必要早早地弄僵和僧人的关系，便答应再住一段时间。这一耽搁，又是大半年过去了。直到这天，贡吉的问题让白玛吉心生动摇："也许该回去了吧。"

夜里，白玛吉试探着问丈夫："再过两个月我就要生产了，你想好是去是留了吗？"整日埋头研习经典的阿拉杰布这才发觉妻子的肚子已经挺得老高了。他沉沉地叹了一口气，翻身起床，点起桌上的油灯，立在窗前良久不语。微弱的灯光里，白玛吉望着丈夫坚实的背影，默默等待着答案。

半响过后，阿拉杰布似是下定了决心。他走到床边坐下，拉起妻子的手道："这里虽是人人向往的圣地，但我实在不忍心让我们的孩子一出生便失去自由。况且，我阿拉杰布的孩子，应该在我自己的寺庙里长大！"彼时，言语铿锵的阿拉杰布不会料到，这个即将诞生的小家伙，将会拥有一颗比他还要骄傲、叛逆的伟大灵魂。

第二天一早，阿拉杰布便将东西收拾好，做好随时出发的准备。午斋时，他对多吉扎寺的僧侣们郑重辞行："感谢诸位这三年来的悉心照顾，但我们一家打算启程回热贡了。"

"为什么不等到您的妻子生产之后再回去呢？"僧侣们劝道。

"白玛吉和贡吉最近很是思念故土，况且这里的接生条件不足，还是回去让亲眷照顾安稳一些。"阿拉杰布拿出早已准备好的说辞。

"那……那活佛生前的预言呢？您的孩子可是他的转世灵童呀！"僧侣们不依不饶。

阿拉杰布知道自己的理由无法说服这些固执的僧人，只能强硬回答："我的儿子将会在热贡的亚马扎西齐寺学经，我会让他自己选择自己的命运。"

担心久拖生变，阿拉杰布向寺中僧侣表明态度后，当天下午便带着妻女悄悄地离开了。僧侣们没料到阿拉杰布竟如此果决，等他们赶到河边时，只能望着悠悠的流水与早已远去的渡船，徒然兴叹。

不过，对阿拉杰布一家而言，这仅仅是归程的起点。为了照顾白玛吉的身体，他们走走停停，行程缓慢而艰辛。白玛吉的肚子越来越大，她担心这个命运未知的孩子发生意外，便每天向菩萨祷告多遍，期望得到上天的庇佑。阿拉杰布也在一旁小心地伺候着，此时对他而言，妻女就是他的整个世界。

就这么担惊受怕地行了许久，这天正午，白玛吉终于望见了日思夜想的圣山宗喀吉日，过了圣山，就离家不远了！又喜又累的白玛吉让丈夫停下休息片刻，浅浅地喝了两口水，目光不经意投向远方，正看见圣山宗喀吉日的雪顶在阳光的照耀下仿佛被天神撒上一层金沙，辉煌而圣洁。就在这时，她感觉腹中传来一阵异动——这已是三天来的第五次了。"我的孩子，你是想要降生在圣山脚下吗？"白玛吉知道产期将近，心中既忐忑又期待。她听说这一世的达赖喇嘛曾在这里停歇，并预言自己的下一世会于此降生。格鲁派创始人宗喀巴大师也降生在圣山脚下——他的名字即意为"宗喀地方的上人"。白玛吉心想："也许具有殊胜智慧的人都与这里有缘，我的孩子将来必定是一位非同凡响的人物！"

阿拉杰布一家行到宗喀吉日山的那一年是1903年，藏历第十五饶迥阴水兔年。几天后，准确地说是4月20日，藏历三月二十三日，就在神圣的宗喀吉日山的东面，太阳升起的方向，传来了一声清脆的啼哭。

这个降生在"佛前莲花座"上的男婴，被阿爸阿妈亲昵地唤作"阿拉热诺"。

宿命·信仰

世人对美的偏好不尽相同：有人迷恋蓝天白云，有人憧憬江声浩荡，有人中意深山幽谷，有人欣赏大漠孤烟……但任谁从水草丰美的东部平原跨入青海地界，都会不约而同地被它连天的花海、壮阔的山峦与静美的风物所震撼。和西藏一样，这里也是一个能让我们更接近灵魂的地方。

沿着开阔的东部平原一路西行，越来越苍凉的山脉渐渐连成一片，将壮美自然与芜杂人烟隔绝开来。站在远处抬眼望去，苍穹之下只有一座寺庙孤零零地立在一座高山上。虽然壮丽，但那里实在贫瘠，纵是四处觅食的苍鹰，也少从此处飞掠。若走近些，你会惊讶地发现：那座荒凉的高山下，居然散落着不少村屋。它们用自己执拗的存在，有力地证明着生命的坚韧。

这里，便是根敦群培自小生长的地方——双朋西村。一千多年前，第一代双朋西人从西藏雪拉部落迁徙而来。他们见此地虽然荒芜，却依山傍水，不失为一个定居的好去处，便在此安定下来。荒凉既能培植坚韧，也能孕育虔诚。这里，也许恰是灵魂最完美的修行道场。

幼年的根敦群培并不知道这座破落小村的悠久历史，在他眼中，双朋西村是简单的。它像冬日的午后一般，萧索却不失祥和，处在枫叶形的热贡一隅，这个小小的村落似乎天生带着几分落寞。但在根敦群培的记忆中，生活在这里的人们从未哀怨喟叹，因为那座位于山顶且需要半日攀爬的孤寺和随风飘飞的经幡，印刻着他们坚信的永恒，摹画着他们渴望的一切美好。

追根溯源，这份不为温饱苦乐更易的笃定发端于两百多年前的一个夜晚。那时，双朋西乡①的娘加村住着一位年轻的待产母亲，她的丈夫是宁玛派的一位活佛，她相信自己的孩子也将拥有非凡的一生。那个不同寻常的晚上，她梦到天神将一朵白莲花与一只白海螺交予她，她满心欢喜地戴上莲花，吹响海螺，一尊放着金光的观世音菩萨像立时出现。天神将佛像交到她手中，叮嘱说这尊佛像会在未来数年中利益众生，要她好生呵护。醒来没多久，这位待产母亲便诞下一名男婴，取名阿旺扎西。

据传，阿旺扎西出生时不似寻常孩童般哭闹，而是笑对众人。一位德高望重的亲戚为他占卜后断言："这个孩子将来必有一番作为！如果做俗人，他将成为一位百人难敌的英雄；如果出家为僧，他会是一个能调伏八万四千烦恼的大成就者。"少年阿旺扎西果然如预言般聪慧异常，学习文字一点即通。他对佛法痴迷万分，并对众生抱有最纯粹的慈悲之心。

十九岁时，阿旺扎西离开故土，至临近的循化县古雷寺受比丘戒。二十一岁时拜红教高僧俄项达杰为师，并被赐予法名：措周仁卓。在高僧座下习经五年后，措周仁卓开始了一边钻研佛法，一边云游四方的苦行生涯。他曾两次游历尼泊尔，并修建卡哈尔佛塔，亦曾在米拉日巴尊者修行过的山洞中修炼，故被人尊为"夏嘎巴"，即"佛祖洞贤人"。六十岁时，夏嘎巴大师返回故里，驻锡亚马扎西齐寺潜心写作。1851年，夏嘎巴大师逝世，被尊为亚马扎西齐寺夏嘎巴一世。

夏嘎巴大师留给世人的除了《夏嘎巴自传》《奇幻集》《道歌集》等典籍，还有千山不改、万水难易的求法精神。故而夏嘎巴二世时，上亚马扎西齐寺求法的弟子络绎不绝，甚至从山脚排到山顶。他们队列整齐，井井有条地从山下向山顶运砖传石，终于将亚马扎西齐寺修缮得焕然一新。

自此，亚马扎西齐寺便伫立在这块荒凉的土地上。几百年来，它从不曾懈怠于护持双朋西人的精神世界。即便这里历经沧桑后一度沦为"世界最穷寺庙"，只剩下二十几名僧侣过着朝不保夕的苦修生活，但每个双朋西人提

---

①双朋西乡：双朋西乡下辖双朋西村、宁他村、娘加村等九个自然村。

起它时，依旧是一脸敬重，满目虔诚。

如果说跨入青海东部的那一刻，我们在壮阔的土地上学会了停下与思考，那么深入此地，在这荒远的小村孤寺里，我们则领受了真正的纯粹与信仰。

夏嘎巴大师故去半个世纪后，亚马扎西齐寺由夏嘎巴二世继任主持。机缘巧合下，阿拉杰布受夏嘎巴二世之邀在亚马扎西齐寺设置囊钦①，常驻于此。根敦群培与亚马扎西齐寺的缘分，也由此开端。

在幼年根敦群培——小阿拉热诺的记忆中，村里人都称阿爸为"阿巴②"，言语间满是敬重。他经常看到阿爸拿着各种法器，诵读复杂的经文替村民驱邪、祈福。阿爸高大的身影总是穿梭于婚礼、葬礼以及节日法事之间。

天资聪慧的阿拉热诺很快便察觉，阿爸看起来和寺里那些穿着红色袈裟的出家僧人有些相像，但实际上又大为不同。阿爸虽然会在寺里诵经，却不像其他僧人那样独身居住在寺院里，而是一直与阿妈、姐姐和自己生活在一起。除了头上那奇特的发辫，阿爸和村里其他人的父亲并没有多少分别。

"阿妈，阿爸为什么不像其他僧人那样住在寺院里呢？"四岁的小阿拉热诺对于父亲的身份有些疑惑，便偷偷询问阿妈。

阿妈笑道："你很快就会知道答案啦！再过几天，阿爸就会带你去亚马扎西齐寺受沙弥戒。进了寺庙，认真学习，你就什么都懂啦！"

阿妈没有骗他，几天后，小阿拉热诺便追随阿爸的脚步，进入备受双朋西人尊崇的亚马扎西齐寺，成了一个小沙弥。在这里，阿拉热诺不仅要学习语言文法，还得诵诗读经。这些枯燥的学习本让阿拉热诺颇为不耐，但一想到阿妈的话，为了早点了解阿爸为什么与众不同，他便收敛心神，专注地学习起来。后来，他一点点弄清了阿爸的身份，也慢慢知道了阿爸那头奇怪发辫的来历。

原来，宁玛派僧侣有"出家僧"和"在家密咒师"两种，在典籍中分别

---

①囊钦：活佛的府邸与法座所在。
②阿巴：意为密咒师或持咒者。

被称为"身穿棕红袈裟之出家者"和"身披白色袈裟之蓄辫者"。阿拉杰布就是一名在家密咒师,他身上独特的法衣和头上盘着的细细发辫就是这一身份最明显的标志。而且,那发辫是神圣的,除非见到自己的上师,否则绝对不能拆散。

作为密咒师的儿子,阿拉热诺不止一次听人说起,他的家族源自密宗传承者杰布喇嘛,但是年幼的阿拉热诺并不知道如何理清久远的法系,他只知道:阿爸不仅是密咒师,同时也是一位受人尊敬的活佛。这让小小年纪的阿拉热诺颇感骄傲。

出于这份骄傲,阿拉热诺在学业上更加认真。他语言天分极高,很多词汇只学一遍就能牢记于心,甚至还能现学现用。当他读到"供养密咒师的村落叫'俄第[①]',密咒师诵经、供佛的寺庙叫'俄康[②]'"时,便有模有样地说道:"双朋西村就是阿爸的俄第,亚马扎西齐寺就是阿爸的俄康。"

不断进步的语言让阿拉热诺对阿爸信奉的宁玛派和自己生活的双朋西村有了更为全面的了解。除了亚马扎西齐寺,双朋西村还有三种庙堂,其中最重要的一种由阿巴主持,被称为阿巴经堂。阿巴除了可以娶妻生子,其他的佛门戒律都要严守。双朋西村几乎每户都有一位阿巴,他们不仅是宗教的象征,同时也是家族的领袖。阿巴都有一定的学识,因此双朋西村村民的素质较高,还出了不少知名的文人。这让双朋西村拥有一种在别处很难得的文化传统:尊重学问,却不看重权势与财富。这也成为伴随阿拉热诺一生的珍贵品质。

时光荏苒,在这个遥远偏僻却人人虔诚淳朴的小村落中,阿拉热诺无忧无虑地成长。他哪里知道,几乎与世纪同龄的自己,也拥有和那个风起云涌的时代极为相似的命运。1903年,也就是小阿拉热诺出生的那一年,英国派

[①] 俄第:"俄"即密咒,"第"为村子之意。
[②] 俄康:"康"意为殿。

上校荣赫鹏率英军三百余人侵入西藏岗巴宗①，引发第二次侵藏战争。此后的半个世纪里，西藏均处在动荡不安之中，阿拉热诺的一生都以这样特殊的历史环境为背景。

彼时的双朋西村虽尚未经历风云动荡，但每个对时事有所耳闻的人都知道：天空的颜色，要暗下去了。不过，小阿拉热诺的内心无比光明。他爱将僧袍罩在头上，光着脚四处奔跑，父亲拦不住他，寺里的僧侣也拦不住他，仿佛世间的一切烦恼都与他无关。这除了孩童天性纯真，也是因为耳濡目染到的笃定与安心，让他对世间一切未知与黑暗均无所畏惧。

---

① 宗：藏语中"宗"为城堡之意，西藏旧时以"宗"为地方行政机构。后文提及的"宗本"即地方行政官。

少年·佛心

阿爸给了阿拉热诺关于佛法的最初濡染和启示。阿拉热诺进入亚马扎西齐寺学习不久，阿爸便带着尚且年幼的他念咒、做法事，他也常常学着阿爸的样子背诵米旁大师①的经典。阿拉热诺很快便显露出超乎同龄人的学习和理解能力，他依次听受了正字法、诗词和藏文文法，每一样都让教他的僧人刮目相看。直到多年后，亚马扎西齐寺的老僧依然还会不时提起当年那个天资聪颖、常有智慧妙语的"智慧心"小沙弥。

不过，倘若一个小孩总是显露出超乎年龄的"慧根"，而缺乏天真烂漫的童趣，那想必也是悲哀的。幸好，这在小阿拉热诺身上却不是问题，因为他从未失去过作为孩童的心性与乐趣。双朋西村虽然狭小，甚至有些幽闭——东边的察玛俄岗、南边的阿诺岗、西边的觉莫岗和东边的扎东嘎山将这里屏障起来——却是小阿拉热诺眼中最广阔的乐园，最无忧的世界。自南向北从村前缓缓流过的鲁曲河是小阿拉热诺的最爱，那潺潺的水声是他童年记忆中最清澈动人的梵音。

阿拉热诺的家是一座平顶四合院，坐北朝南，无论季节如何轮换，院子里的空气总是透着阳光的味道。天气好时，马棚中的小马驹便依偎在老马身旁，惬意地眯着眼睛；几只跑出羊圈的小羊在院中或是踱步，或是欢跳；一旁的牦牛则饶有兴味地盯着落在院中的小鸟，仿佛在猜它是来觅食，还是休憩……

①米旁大师：全名居·米旁，宁玛派高僧，佛学大师，著述颇丰。

彼时，阿拉热诺五岁多，刚进入寺院成为小沙弥的他尚未全心沉浸在经文的瀚海里，结束了一天的学习之后，他喜欢在自家院子中和美丽的小女孩俄莫嘉漫无边际地说话。俄莫嘉是贡布才旦的女儿，他们一家七口也住在这个从不缺阳光的四合院里。与他们两家同住的还有白玛吉的弟弟万德塔一家。所以，这其实是一座还算热闹的院落。如果说父母的身份为阿拉热诺圈定了一个带着佛法光辉的人生，那么，这座热闹的四合院则为他准备了一个快乐的童年。

"长大后你想做什么？"在阿拉热诺的记忆中，问这话时俄莫嘉的眼睛无比清澈。

"我要走遍世界上所有美丽的地方，有的很远很远，在圣山宗喀吉日的那一边！"阿拉热诺兴奋地为自己规划着——虽然他也不知道"圣山的那一边"究竟有什么，但沐浴着暖阳，对着湛蓝的天幕，他坚信在如此美丽的苍穹下，一定有许多值得去看的地方。

听到阿拉热诺的回答，俄莫嘉有些失落，她急急地"挽留"道："阿妈说，我们的家乡就是最美丽的地方！你还要去哪里呢？"这是小小年纪里，玩伴之间最单纯也最真挚的牵绊。

阿拉热诺转过头，正望见俄莫嘉的眼睛，明媚的阳光映在她眼中，动人中带着一丝哀愁。五岁的阿拉热诺无法理解分离的含义与小女孩的哀愁，他兀自陶醉地解释："家乡的外面还有别人的家乡呀！那里也许同样美丽呢！"

"那……那你什么时候出发？"俄莫嘉红着眼睛就要哭出来了。

"我明天一早就要随阿爸一道出发了！"阿拉热诺顽皮地眨了眨眼睛，似是存心要逗她。

"这么快？！你们要去哪里？"俄莫嘉终于还是忍不住哭了出来。

这下倒是顽皮的阿拉热诺慌了神，他一面为俄莫嘉擦拭眼泪一面解释："我明天和平时一样，要和阿爸去亚马扎西齐寺找阿饶丹巴大师[①]学诗词呀。"

[①] 阿饶丹巴大师：夏嘎巴二世的经师，阿拉杰布请他教授阿拉热诺藏文文法与诗词。

俄莫嘉破涕为笑，她自然不介意这小小的恶作剧——只要阿拉热诺能一直留下就好了。阿拉热诺拉起俄莫嘉的小手跑到院子外的鲁曲河边玩耍，从那里可以隐约望见亚马扎西齐寺飘扬的经幡——随风舞动的斑斓色彩，是他俩童真清澈的眼眸中最圣洁而美丽的风景。

俄莫嘉并不是阿拉热诺唯一的童年玩伴。俄莫嘉有四个兄弟姐妹，再加上万德塔的儿子噶洛以及阿拉热诺的姐姐贡吉，不大的四合院中，孩子们每日叽叽喳喳，打打闹闹，让三家大人既感到头痛不已，又觉得幸福圆满。阿拉热诺虽然话不多，却是个很好的玩伴，他除了与俄莫嘉关系亲密，与其他兄妹也相当要好。白天他们一起放牧牛羊，傍晚则聚在院中聊天嬉闹，晚饭时又凑在一起，互相分享彼此母亲做的丰盛美食。如果可以将人生当成一场电影回放，阿拉热诺一定会选择在这个画面停下，并永远定格。

多年以后，已被世人敬称为"根敦群培"的阿拉热诺在动荡的尘世里几经沉浮，尝尽甘苦。那时，他的心境相对平和许多，唯一的落寞是：多年的求学漂泊生涯中，不再有人亲切地唤他"阿拉热诺"。他不由觉得：这趟行脚人间的旅程，虽然无悔，却总少了一点温度。

时间如鲁曲河水一般不曾停止流逝，转眼间阿拉热诺已经受沙弥戒一年多了，他的功课越来越繁重，和小伙伴一起玩耍的时间越来越少。这天傍晚，阿拉热诺好不容易抽出空儿来，和小伙伴们一起蹲坐在鲁曲河边看夕阳。

俄莫嘉心事重重，她知道阿拉热诺和一般的小孩不一样——他的父母更加受村民尊敬，他也比同龄孩子更为聪明。不一样的孩子，注定有不一样的生活，但她还是有些不能接受自小一起长大的阿拉热诺突然变成一个"大忙人"，她拉拉阿拉热诺的袖口："阿拉热诺，你每天在亚马扎西齐寺做什么呢？一整天都见不到你。"

"我要做的事情可多了！背诵经典，学习文法，有时还要看着阿爸做法事，自己在一边背诵仪轨。"阿拉热诺没有察觉到俄莫嘉话中的落寞，自顾自地解释着。

"你都背诵什么经典呀?是阿爸阿妈常念的那些吗?"俄莫嘉有些好奇。

"都有的!最近背的是隆钦饶绛巴大师①的《隆钦精义》。"谈到自己熟悉的东西,阿拉热诺说话的声音都变高了。

"背经很枯燥吧!哪有和我们一起做游戏有趣?"

"不,背经和做游戏一样有趣!"阿拉热诺认真地回答,执拗而笃定。

"怎么会呢?"俄莫嘉感到无法理解。

"我也说不上来,总之在诵经时,我可以看到一个完全不一样的世界——那里的美是无法用语言描述的,但我心里有种明确的感觉——那里,就是我想要去的地方!"在那些埋头诵经的日子里,阿拉热诺潜藏的佛心悄然改变着他看待世界的方式。

阿拉热诺的回答让俄莫嘉沉默许久,她仿佛从他身上看到了那些受村民敬仰的高僧的影子,让人自然而然地愿意相信与追随,但阿拉热诺的模样依旧带着稚气未脱的可爱。俄莫嘉有些恍惚,她说:"我听阿爸说起过,如果你喜欢夕阳,佛法就会给你夕阳;如果你喜欢草地,佛法就会给你草地。佛法总会给我们想要的东西。也许这就是你看到的世界吧。总之,你在寺院里过得开心就好!"

"嗯!就是这样!"阿拉热诺似是找到了知己,一瞬间笑得和鲁曲河倒映的夕阳一样灿烂。俄莫嘉也被这温暖的笑容融化,甜甜地笑了起来。

对五六岁的孩童来说,佛法的奥妙就是这么简单直白,却又不失质朴的深刻。心中有佛,福祉自现。你想要的,一直就摆在那里,在你回望自己,静心聆听的时候就可以拾取。阿拉热诺每日坐在阿爸身边诵读经文,他的心就在这世间的最安乐之处。

每每忆及这段时光,阿拉热诺都会感慨:"那时真好!"虽然经常要跟着阿爸和阿饶丹巴大师苦读良久,偶尔竟到深夜,但那个年纪正是春蕾含

---

①隆钦饶绛巴大师:宁玛派著名学者。

苞，心花待放的时节——不管看见什么，听见什么，抑或读到什么，都是美妙的。《祈愿朵玛霹雳》[①]和《拘神愿文》的诵读声自成别致的旋律，在"智慧心"小沙弥摇头晃脑之间高低起伏。隐约传来的鲁曲河的潺潺水声，似是一位美丽姑娘在月光下轻哼低吟，那是他这个年纪尚不能完全理解的风情。倒是偶尔扬起的晚风，最像夜里母亲倚在他床边哼唱的小曲儿，温柔得不掺杂一丝秘密。

白天，他在父亲和煦的严厉中诵经念词；晚上，他在母亲安静的陪伴中聆听着故乡岁月里安静和缓的声音。一颗清澈无染又不失温暖的佛心，就这样静静地从他灵魂深处绽放开来。

[①]《祈愿朵玛霹雳》：与《拘神愿文》一样，都是居·米旁大师的作品。

变故·温情

阿拉热诺的成长带着故乡文化与父母期盼的传承烙印——他注定是要为佛法献身的人。不仅是家人，村民们也都相信，这个聪明过人的小沙弥将来必会成为一位受人尊敬的佛僧。而少年心性总是不安分的，比起经典中的信仰归宿，早慧的阿拉热诺更向往远方的多彩世界。

然而，一场突如其来的变故，打断了一切恣意生长的少年梦想。

接连几日，双朋西村的空气都显得低沉而阴郁。鲁曲河在寒风中泛起涟漪，小小的水圈沉默着四散逃离——在阴沉的天空下，一切事物似乎都失去了往日的镇定。一场冷雨蓦然降临，雨水落在河里，又惊起更多水纹逃逸。河面上影影绰绰的水光，就像是伤心人脸上闪躲的泪珠。可能是因为靠近鲁曲河的缘故，不远处山峦间萦起的薄雾也看似带着几分哀愁。

鲁曲河边站着一个美丽的女孩，纤小的身影在细雨中微微颤抖。她那结着五彩珠子的发辫有些散乱，小手不时抬起，在眼周来回轻揉。是谁家姑娘在对着河水落泪，竟让整个双朋西村都陷入忧伤？凑近一看，竟是村子里最漂亮的小姑娘俄莫嘉。

哭泣的不止俄莫嘉，她最要好的玩伴阿拉热诺早已哭肿了眼睛。原来，阿拉热诺的父亲病了。这次不知是什么顽疾，来势汹汹，阿拉杰布一下子就病倒了，卧床多日也不见好转。那个曾经每天穿着僧袍，举着法器为众人讲经祈福的阿拉杰布不见了，取而代之的是一个躺在床上、面庞枯瘦的憔悴病人。

阿拉热诺每日守在阿爸床边，一步不敢离开。阿拉杰布偶尔强打起精神，想为最疼爱的儿子讲解经文，但都被懂事的阿拉热诺制止了。不过，为了让阿爸放心，阿拉热诺会在他睡着时悄声读经，从不懈怠。见好朋友因为阿爸的病情而失去笑容，俄莫嘉也为之伤心。她不愿看到那个明媚而智慧的阿拉热诺尽日苦着脸，便常常跑到鲁曲河边，对着远处的亚马扎西齐寺的经幡祈祷："慈悲的佛爷啊，快些让阿拉热诺阿爸的病好起来吧！不要夺走阿拉热诺脸上的阳光，他还要为您背诵好听的经文呢！"俄莫嘉只能用这种方式来表达对好朋友的支持。

当然，俄莫嘉不是阿拉热诺唯一的慰藉，他的阿妈白玛吉也每日陪伴左右。白玛吉作为觉母，无须从事农活，有较多的时间照顾两个尚未完全自立的孩子。白玛吉有两个兄弟和一个妹妹，其中万德塔与他们住在同一个院落。阿拉杰布病倒后，他不时前来帮衬一二。

与此形成鲜明对比的却是阿拉杰布的亲弟弟，阿拉热诺的叔叔。在得知兄长阿拉杰布生病后，他的反应无比冷淡——尽管他深知哥哥在这个时候多么想念和需要他。阿拉热诺不止一次地问阿妈："阿妈，叔叔为什么不来看看阿爸？"白玛吉每次只是叹息着摇摇头，默然不语。六岁的阿拉热诺尚不能理解，血浓于水的亲情也会在时光荏苒中变得淡漠。他替阿爸感到伤心，因为阿爸在病床上常常念叨起小时候和弟弟一起嬉闹的场景。

这天傍晚，阿拉热诺去阿爸静养的囊钦看望他后，顺着下山的小路向家里走去。薄雾里小路显得愈发细窄，远处的院落更是看不真切，路边的树林缠连着细雨，偶尔传来一声鸟鸣，也只是衬出几分幽远孤寂。阿拉热诺走得很慢——对阿爸的担心牵绊着他的脚步。他不时回头望向山上的寺院，心中默默祈念："快些让阿爸好起来吧！"

行到山脚的鲁曲河边，阿拉热诺正碰见在河边流泪的俄莫嘉。

"你怎么了？俄莫嘉，天快黑了，你怎么还不回家？"阿拉热诺看见细雨中俄莫嘉微微颤抖的背影，有些心疼。

俄莫嘉听到身后传来阿拉热诺的声音，努力地擦了擦眼眶说："我没事，阿拉热诺，我在请求佛爷保佑阿拉杰布叔叔，希望他能快些好起来。"说这话时，她没有看阿拉热诺，而是定定地望着远处的寺庙。五色经幡在薄雾中时隐时现——希望这不是个坏兆头。

"阿爸的病一定会好的！他还答应过些日子带我骑马出去玩呢。"阿拉热诺一边说着一边走上前去拉住俄莫嘉的小手。

"嗯！你不是说过要走遍远方白云下面的村庄吗？就等着阿拉杰布叔叔骑着大马带你去吧！"俄莫嘉转过身来看着阿拉热诺，眼神里满是关切。

"你说得对！阿爸他说话向来算数的，我要安心诵经习字，要不等阿爸病好了又得教训我了！"想到这里，阿拉热诺忍不住笑了出来，多日来的阴霾心绪就这样被一个童真的想法悄然驱散。

看到阿拉热诺脸上久违的笑容，俄莫嘉红肿的泪眼也染上了盈盈笑意："我阿爸也说阿拉杰布叔叔是最守信用的人，你就安心等着吧！"俄莫嘉眼里的雾气还没有散尽，但嘴角的阳光悄悄地绽了开来——还有什么比好朋友的笑容更令人开心呢？

此时天色已暗，远山残留的一丝光亮在薄雾中闪烁了几下，终于老老实实地向山那头沉去。路边的树林在沙沙声中归于幽寂，众鸟归巢，游鱼沉底，两个小小的人儿在彼此的陪伴中，坚定地朝家的方向走去。

到了家门口，阿拉热诺忽然住了脚。他扯住俄莫嘉的袖边，有些小心又止不住兴奋地低语道："听，是不是叔叔在说话，他是不是来看阿爸了？"

俄莫嘉也竖起耳朵仔细地听了听院内说话的声音，颇有些不忍地告诉他："阿拉热诺，那是我阿爸的声音，他在和阿妈说话呢。"

"说不定你听错了。"阿拉热诺有些不甘心，抬脚朝家中走去，满怀期待地进了家门，却只看到正在桌边摆放饭菜的阿妈。他又仔细地四下看了看，当真没有叔叔的身影。

"叔叔今天来了吗？阿爸今天又问起，说是很想念他。"阿拉热诺依旧不死心地问了一句。

阿妈看了看阿拉热诺，有些伤感地摇了摇头，默然坐在饭桌旁的毛毡上抹了一下眼睛。阿拉热诺看到阿妈落泪，快快地走过去依偎在她怀里，并懂事地抬起头亲了亲她的眼泪。阿妈心疼地抱着阿拉热诺，母子俩谁也没有说话，就那样伤怀着坐了很久。

晚饭过后，双朋西村的夜幕便早早降临。阿拉热诺跟俄莫嘉坐在院子里，一齐抬头望向夜空，但今晚天公不作美，阴云间只能隐约望见孤孤单单的三两颗星星。

"我们回屋吧，今晚没有星星可看了。"俄莫嘉拉了拉衣襟，对阿拉热诺说道。

"阿爸曾告诉我，如果你盯着某一颗星看，死死地盯着，那么其他的星就会从视野中慢慢消失。就凭那一颗星，也足够闪耀整个夜空！"阿拉热诺执拗地摇了摇头，他大睁的双眼似是在寻找自己的那颗星。他仍然记得，阿爸对他说这话时，眼中光彩熠熠，仿佛眼前就是那颗最亮的星辰——而那时站在阿爸眼前的，其实就是阿拉热诺自己。

对父母来说，孩子也许并不是他们生命中最耀眼的荣誉，但在漫长的陪伴与注视后，孩子毫不意外地成了他们心中唯一的牵绊。此时，阿拉热诺在寂静的院落中对着天上仅有的星辰为阿爸祈祷，病床上的阿拉杰布也在默默地挂念着两个尚未成人的孩子。这种强烈而炙热的亲情，平衡着阿拉热诺向往未知的"叛逆之心"。这个平日里爱注视远方航船的少年，心底里永远预留了一块地方，给人世间最温暖的感情。

不知不觉间，夜色又深了几分，山的轮廓在黑暗中几乎看不到了，只有影影绰绰的树叶被风吹着擦起依稀的影像。刚消停没多久的小雨慢慢又落了下来，细细密密的，似是带着浓郁的忧愁，又不敢瞬时倾泻，只得在天地间随风摇曳，缓缓摆拂。此时，天上那三两颗星也被迫隐去了，双朋西村陷入彻底的黑暗之中。

就在这样幽深的夜里，阿拉热诺依旧默默地守在那里。院中落雨，他就回屋继续祈祷，偏不肯睡去。他用一个六七岁孩童的执拗等待黎明到来，等待那带着希望的光亮最终驱散黑暗，将光和热带回这悲喜人间。

忧虑的时光总比平日漫长,阿爸病了一个多月,一直不见好转,阿拉热诺感觉自己一下长大了好几岁。他每天天色微白便从家出发,到寺中看望阿爸。从双朋西村走到山顶寺庙需要近半天光景。为了能多在阿爸身边待一会儿,阿拉热诺只得每天早起晚归。阿爸颇为心疼,却又说不动他,只得由他去了。

又是一个冷清的早晨,雨后的双朋西村弥漫着淡淡的雾气,将村口通向山顶寺庙的小路罩得灰蒙蒙的。阿拉热诺吃完早饭便匆匆出发——昨晚阿爸咳嗽得更厉害了,不知道今天会不会好一点。牵挂的心让他顾不得身上略显单薄的衣着,晨风裹挟着寒气吹在他身上,他忍不住打了一个寒战,加快了上山的脚步。

接近正午时分,阿拉热诺终于来到了阿爸的囊钦——阿爸正在安睡,脸色看起来比昨晚好了一些。阿拉热诺不想打扰阿爸休息,便乖乖地坐在一旁,拿出一本经书默读。

不一会儿,阿爸的头似乎动了一下,阿拉热诺抬眼望去,正看见阿爸慢慢睁开眼睛。看到阿拉热诺在床边手捧经书的乖巧模样,阿爸欣慰地笑了:"什么时候来的,怎么不叫醒我?"阿拉杰布试着起身和儿子说话,动作却缓慢而艰难。

"刚刚才到的,见阿爸睡得香甜,就没有叫您。"阿拉热诺懂事地帮阿爸坐起身来,并把桌上的热茶送到他嘴边。

阿爸怜爱地摸了摸他的头:"家里都还好吧?回去告诉你阿妈,叫她不要太辛苦。阿爸病着,家里的事你阿妈一个人哪能做得过来?你和姐姐要多帮帮阿妈。"除了日常家务,阿拉热诺家还有不少牛羊要放牧,由于事情太多离不开人,妻子白玛吉只能三五天过来一次。阿拉杰布担心妻子太过操劳,便嘱咐阿拉热诺几句——虽然他也很心疼这个起早贪黑的幼子。

"阿爸放心吧!家里一切都好,阿妈说阿爸安心养病就行了。我也是男子汉了,我会照顾姐姐和阿妈的。"阿拉热诺轻声安慰着阿爸,同时也为自己打气。虽然年幼的他尚不能完全理解家庭责任的含义,却天真地认定这是自己作为一个"男子汉"的基本义务。

"你叔叔有到家里帮忙吗？"阿拉杰布想了想，还是问了这个摆明会让自己失望的问题。他实在想见见自己唯一的弟弟，因为他隐约知道，自己的时间不多了。除了思念，他还希望弟弟能在他走后帮帮白玛吉和一对子女，要不他们该如何在这飘摇的人世讨生活呢？

"叔叔捎信来说最近比较忙，过段时间就来看望阿爸。"上山前，阿妈便教阿拉热诺这么回答——她不想让病重的丈夫再遭受心理上的打击。其实，阿拉杰布的弟弟早就明确说过："哥哥的事与我无关，不要再来找我！"而这个倔强的母亲，也早就做好了孤身一人将他们姐弟拉扯大的准备。

诚然，每个人都有血缘亲属，但不是每个人心中都有纯善真意。所以，有时亲情这个无比温暖的词语也会被一些人视为避之不及的累赘。更别提，还有许多人在与世俗利益权衡之中，一再折损亲情的价值。

叔叔拒绝了兄弟间的亲情，但阿拉热诺理解不了这份凉薄。尽日在经典中徜徉的他，思想比雪山还要洁白。在面对生活中的琐碎事情时，阿拉热诺也许并不十分明了，却总是习惯性以爱为前提和目的——年少而虔诚的他眼中只有善与温暖。

这个下午，阿拉热诺静静地坐在阿爸身边，听他断断续续地回忆着过去的美好时光：与叔叔曾经的亲密，与阿妈的相识，姐姐出生时的喜悦，去多吉扎寺的漫长旅途，在宁玛祖庭待过的三年时光……阿拉热诺的思绪随着阿爸的回忆不停飘飞，时而欣喜，时而叹息，时而憧憬，时而哀愁……只有六七年人生阅历的他尚不能想象比家乡夏琼山①更高的山峰，也无法在脑海中构筑比亚马扎西齐寺更宏伟的寺庙。同时，他更无法理解：一个往日还亲密无间的兄弟，为何如今连见一面都如此困难。

---

① 夏琼山：圣山宗喀吉日山附近的一座高山，双朋西村所在地。传说很久以前，有一只极大的大鹏金翅鸟落在山头上，它刚落下便将脚下的山峰踏成两半，其中一截落到了黄河里，随流水往东漂走，另一半则留了下来，状似一只大鹏鸟。于是，人们便称它为"夏琼"，藏语意即"大鹏金翅鸟"。

所幸，阿爸还在身边，阿妈还在身边，姐姐还在身边。

阿拉热诺想起每次自己和姐姐做错事时，阿妈在责罚完他们之后都会抱着他们姐弟柔声说："争吵后永不来往的是仇人，争吵后相互拥抱的是家人。贡吉、阿拉热诺，你们永远不要忘记，家人才是这世上最珍贵的宝贝。家人之间的牵绊就藏在我们每个人的心底，它不会随着时间的流逝而消失，只会越来越强烈。不管将来你们相隔多远，都能感受到这份牵绊。"

这些话他当时听来懵懵懂懂，现在听阿爸谈起一件件往事，话里的含义却又似乎明晰起来。阿拉热诺呆呆地愣了一会儿神，阿爸却依旧沉浸在对往昔的追忆里。阿拉热诺轻轻地甩了甩脑袋，不去胡思乱想，继续安心听阿爸回忆从前："你刚出生的时候多招人疼爱！你阿妈刚生下你时虚弱得说不出半句话，但一看到你的乖巧模样，就忍不住笑了出来……"

这是他童年记忆中，阿爸留给他的最后的温情时刻。

期守·噩耗

佛法可以永护人心，世事却不能常遂人愿。

在漫长的等待中，阿拉杰布的病情不断恶化。白玛吉流干了眼泪，却只能默默忍耐着。阿拉热诺也偷偷哭过很多次，但在阿爸阿妈面前，他总是笑脸相迎。家里一个男人倒下了，剩下那个便不得不加速成长，以成为阿妈和姐姐的新支柱。

阿拉热诺清楚地记得，那一年，阴郁的天似乎永远都不会再放晴。无数次，回家路上，他停在山脚下仰望亚马扎西齐寺的上空，让自己正对着天边的微弱光亮，期盼着佛爷能听到他的心声，答应他的祈愿。但那暗沉的天地，灰白的山脊，寂寥的村庄，那一切绝望的、没有生气的景况，都在暗示着恶兆的临近。

不过，阿拉热诺内心的希望从来没有暗淡过。他坚信经文里的论断——只要天地还在，黑夜与白天就会轮回——尽管太阳被云层遮盖，但是总有一天，耀眼的阳光会再次照临。

就在阿拉热诺固执的期盼中，双朋西村的冬天来了。大片大片的雪花肆意飘洒，带着圣洁与明亮，将天地染成白茫茫一片，仿佛药师佛①的东方琉璃净土。阿拉热诺曾经在经书中读到过，药师佛有十二大愿，其中一条就是："除一切众生病，令其身心得安乐。"故而，看到眼前的琉璃胜景，阿拉热诺欣喜万分："药师佛要显灵了吗？阿爸就快好了吧！"

---

①药师佛：全称"药师琉璃光如来"，亦称药师如来，是东方琉璃净土的教主。

这天傍晚，天空飘着小雪，远山也被映成了银色，山腰树林披着云朵般的白衣，姿态优雅地迎合着山脚牧场的辽阔曲线。皑皑白雪中，结着五彩发辫的姑娘穿着一袭红袍，映在雪地上的身影纤弱而单薄。她在鲁曲河边徘徊，正似一朵穿行在云纱间的红花。

俄莫嘉和往日一样，在村口等待下山的阿拉热诺。几日大雪让村口那条通向亚马扎西齐寺的小路越发难走，她担心阿拉热诺回来时出现意外，所以今天显得格外焦急。不一会儿，远处一个瘦小的身影慢慢走近了，阿拉热诺遥遥地对着俄莫嘉招了招手。俄莫嘉示意阿拉热诺前面路不好走，不要着急，但阿拉热诺还是迅速地小跑了几步，上前握住她冰凉的小手。

"天这么冷，你就不要每天在这里等我了，会冻坏的！"一路疾行的阿拉热诺一边喘着粗气，一边心疼地叮咛，浓浓的白雾在两人面庞之间晕染开来。

"我担心阿拉杰布叔叔，想早点儿听到你带来他康复的好消息。"俄莫嘉说话间也是一团白雾升起，衬得那早已冻得通红的小脸更加红润。

"难怪阿妈说你是天上的仙女，你果真一早就知道有好消息啦！"阿拉热诺一边跺了跺脚底的积雪，一边高兴地说着。

"难得见你这么高兴，肯定是阿拉杰布叔叔要好了吧！"笑容在俄莫嘉脸上绽放开来，她拉着阿拉热诺的手紧紧地握着，仿佛要将这好消息用力抓住，生怕它跑掉。

"嗯！阿爸今天精神好多了，给我讲了半天诗词，还下床到窗边同我看了一会儿雪景。照看阿爸的僧人也说阿爸看起来快好了。"阿拉热诺言语间充满欢喜。

"太好了！阿拉热诺，我们快回家，把这好消息告诉你阿妈，她一定高兴坏了！"话没说完，俄莫嘉已拉着阿拉热诺飞奔起来。

两个小小的身影从鲁曲河边一路飞奔回家。鲁曲河结着厚厚冰层的水面仿佛被两人的快乐打动一般，映射出充满希望的影像。

"阿妈！阿妈！"还未进门阿拉热诺就急切地喊道。

"怎么了？阿拉热诺，你阿爸怎么样了？"白玛吉焦急地从屋子里跑了出来，甚至忘了手上还拿着正准备下锅的羊腿。

"阿爸今天可以下床了！还在窗边和我坐了好一会儿呢。他看起来精神很好，大家都感觉他就要痊愈了。"阿拉热诺一面说一面拉着阿妈的手走进房间。

听到这个消息，白玛吉赶紧放下手里的东西，双手合十，虔诚地在心中感念："太好了！感谢佛爷，终于要好了！"

"下雪天路不好走吧？饿不饿？先喝一碗牛奶。"阿妈祈念完，想起每日早出晚归的儿子，端起牛奶送到阿拉热诺手上，心疼地看着他还有些潮红的小脸。

"没事，阿爸说雪天路滑，叫我走得慢一些。"阿拉热诺端过牛奶咕嘟咕嘟地喝着——赶了半天路，这个小大人确实有些饿了。

"明天早上阿妈和你一起去看阿爸，家里的事先交给你舅舅。"多日来一直心情抑郁的白玛吉终于可以松一口气了。她坐到儿子身边，亲了亲他的额头。

阿拉热诺懂事地依偎进阿妈的怀里："太好了！阿爸一定会很开心的！"

两人在牛奶温热的雾气间相视而笑，欣慰而满足。

晚饭后，白玛吉去弟弟家交代第二天的家事。阿拉热诺因为累了一天，早早便躺下了。夜幕降临，雪也渐渐停了，双朋西的夜空繁星闪烁，壮丽异常，地上的皑皑白雪被星光照出几分透亮，远处群山也显露出非比寻常的圣洁光芒——这当真是药师佛的琉璃净土了！

忙碌了一天的双朋西村在夜色中慢慢静谧下来，阿拉热诺和母亲享受着这难得的安稳时光，先后香甜地入梦了。

当当！当当当！

急促的敲门声在寂静的深夜里显得十分刺耳。阿拉热诺的美梦被打断，他推了推一旁酣睡的阿妈，示意她有人敲门。

白玛吉连忙起身，披上一件羊毛棉袍便出了房间，阿拉热诺也穿上衣服跟了出来。

"快跟我上山去，白玛吉！晚饭时阿拉杰布有些不对劲，本来精神好好的，突然就萎靡不振了，躺在床上直念叨阿拉热诺的名字。我看他脸色极差，就立刻赶来通知你们了。"照顾阿拉杰布的僧人喘着粗气，急急忙忙地说着话。他的僧袍上到处都是斑驳的泥水，可见来的路上并不是很顺利。

白玛吉顿时慌了神，没了方向："天哪！怎么会呢？阿拉热诺回来时还说阿拉杰布今天精神很好，怎么会呢？"

"阿妈，阿妈，不要急！我们快些去看阿爸！"阿拉热诺感觉阿妈就要站不住了，一把上前抱住她的手臂，就像一个真正的男子汉。

阿爸生病的这段时间里，每日的奔波改变了阿拉热诺。劳累磨炼了他的意志，苦难加速了他的成熟，阿拉热诺逐渐脱去了稚嫩的外衣，开始像他阿爸一样去承受，去担当，去应对生活给予的种种不幸。

阿拉热诺一生都记得那个幽暗的深夜，星光与白雪联手也没能化开它浓重的颜色。阿拉热诺和阿妈跟着报信的僧人一起赶往寺院，不知道在泥泞中磕绊了多少次，可心焦的他们无暇顾及这些。阿拉热诺紧紧抓着阿妈的手，即便时隔多年，他也能清晰地记得那份冰冷与颤抖。阿妈的眼泪早已决堤，阿拉热诺却努力压抑着悲伤，不让它迸发出来。

等他们赶到寺院时，天色已近清晨。阿拉杰布躺在床上，陈旧的衣袍有些凌乱，露在外面的一截胳膊枯瘦如柴。他的手随意地垂在床沿，微闭的眼睛已经没了光泽。床上的毯子随着从窗户缝隙吹来的冷风微荡着……

太迟了！阿拉杰布已经走了……

阿拉热诺无法相信眼前的一切，他呆呆地走到阿爸床前，整个人都是蒙的，昨天下午还神采奕奕的阿爸，如今已脸色灰白，没有半点儿生气。一切都定格在那里，阿拉热诺的心被瞬间撕裂，疼痛清晰而锐利。阿拉热诺感觉自己要窒息了，多日来锻炼出的坚强在这一刻崩塌。他的精神崩溃了，但身体痛得失去了表达的能力。阿拉热诺不知道为什么自己哭不出来，不知道是什么哽住了他的眼泪，他只知道：他的阿爸，永远离开了，去了另一个世界。

白玛吉伏在爱人的床沿，泪流不止，伤心得不能自已。她亲吻着爱人的手指，不知是在留恋，还是试着将他唤醒。阿拉热诺将阿妈抱住，但他小小的手臂哪里盛得下阿妈巨大的悲伤？阿妈半跪着的身子簌簌地抖动着，她的绝望在颤抖中散落一地。

一旁侍奉的僧人低头念诵着经文，他们的声音中透着惋惜与哀伤。曲折的音调将逝者的灵魂托起，将他送到远方的安乐净土——那里，应当有佛光普照吧。

不知过了多久，阿拉热诺默默走出囊钦，孤身对着曙光即来的天地。太阳升起来了，但冰天雪地里没有丝毫温热的迹象，彻骨的寒意铺天盖地而来，沁透他的衣袍。不再有阿爸温暖怀抱围裹的清瘦身体，在天地间是如此渺小而无助。阿拉热诺不禁想要匍匐在大地的怀抱中，索求一份宽厚的拥抱，来容纳自己无以复加的哀痛。

然而，这还不是这对孤儿寡母遭受的唯一打击。阿拉杰布的躯体火化后，骨灰按照他的遗愿送到故乡祁家村安葬。送走阿爸后，阿拉热诺和阿妈相互搀扶着回到家中，巨大的悲伤与连日的奔波让他们身心俱疲，但推开院门，新的残酷就在等待着他们。

"白玛吉，你们回来得正好，我都等你们两天了！"说话的正是阿拉热诺许久不见的叔叔，他冷漠的脸上没有半分温情，也看不出兄长去世的哀伤。

"有什么事？你哥哥等你很久了，但最终也没能等到。"说起爱人，白玛吉哀伤的声音无法控制地颤抖着。

"我知道哥哥早想要我过来，他怕他离世后，我一个人活得辛苦，所以想要将他的财产统统留给我。"阿拉热诺永远记得他说这话时脸上的蛮横无理。

"你……你不知羞耻！你怎么敢这样亵渎你哥哥对你的思念！"白玛吉悲愤交加，憔悴的脸涨得通红。

"白玛吉，我只是来拿回属于我的东西，哥哥的一切都应该归我。谁都知道，我是阿拉杰布最疼爱的弟弟。你是他的妻子，难道要违拗自己刚刚去世的丈夫吗？"说着混账话的男人，理直气壮的样子实在叫人厌恶。

"到底是谁违拗了阿拉杰布？谁辜负了他的心愿？又是谁在他临走前都没来看望他一眼？"白玛吉的声音有些嘶哑，这个刚刚经历莫大悲痛的女人几乎用上了仅剩的全部力气在抗争。

"好了好了！白玛吉，我的耐心有限，不想跟你纠缠！"说话间，他已走到牛马圈前自己动起手来。

"谁也不会饶恕你的恶行！"白玛吉愤怒极了，但是在一个野蛮的男人面前，她又能怎样呢？

阿拉热诺的叔叔赶着家里所有的牛羊与马匹离开了，将哥哥留下的孤儿寡母撇在了黑暗阴冷的冬夜里。

这天夜里，阿拉热诺默默地在院落中仰望星空，北斗星在天上映射出温暖的线条，像极了阿爸温暖的怀抱。"阿爸没有离去！"他这样告诉自己。

在外面待了一会儿后，阿拉热诺回到屋里，正看见默默发呆的阿妈。"阿妈……"阿拉热诺钻进阿妈怀里，感受到她的孤独、无助和悲痛，转而用细瘦的手臂抱住阿妈，轻轻贴着阿妈的胸口重复着，"没事，有我呢！有我呢！"

阿拉热诺的生活从阿爸生病开始便发生了无法逆转的改变。他本是世人认定的活佛，聪颖的"智慧心"，然而在阿爸倒下的那一瞬间，阿拉热诺便知道，无论自己一生会有怎样的身份变化，他最重要的角色就是阿爸阿妈最疼爱的小儿子，是这个家里的小小顶梁柱。

第二章
底察少年，心狂未歇

阿拉杰布的去世没有击垮阿拉热诺，因为他不允许自己倒下，他如今是家中唯一的"顶梁柱"——虽然他此时仅有七岁。这个早熟的孩子在试着为阿妈分担家务的同时，也没有忘记课业上的精进。

十一岁时，他入家乡西关寺学习，拜来自色拉寺的格西楚臣为师，继续学习文法和诗词。十四岁那年，他到与双朋西相邻的夏河甘加，依止宁玛派高僧卡加德东大师，学习宁玛派佛典，并受灌顶。同年，他前往化隆，进入底察寺学习。

他问佛弘法的传奇人生，就此展开。

雕琢·砥砺

"快出来，阿妈！"几张冒着热气的酥油饼在阿拉热诺手中来回翻腾，把他的小手烫得通红，他急急地唤着阿妈来接。

"阿拉热诺，怎么了？"面容憔悴的白玛吉快步从屋里走出，神色仓皇。自从丈夫去世，家产被夺之后，她似是脆弱得经不起一点惊吓。

"您别慌，是俄莫嘉拿了酥油饼来给咱们！"阿拉热诺一边指了指身后的美丽小女孩，一边快步进屋，将酥油饼放在桌上的食碗里。距离阿拉杰布去世的那个冬夜，已经整整两年了。生活虽然清苦，但有邻里帮衬，他们一家人总算挺了过来。

"哎呀！亲爱的俄莫嘉，我的小仙女，你天天送东西来，叫我心里怎么过意得去？"白玛吉疼爱地抚摸着俄莫嘉的长发，亲了亲她有些泛红的小脸。

"阿妈说做了太多饼子，家里吃不完的。"俄莫嘉不想让白玛吉太记挂，便笑着解释道。

"阿妈，您别光顾着说话，赶紧趁热吃吧。"阿拉热诺用一小段油纸包起一块饼送到阿妈跟前。

"我阿妈还说下午去马棚里牵两匹马来，一匹给阿拉热诺去寺院时骑，一匹可以供你们喝奶。"俄莫嘉说话的时候习惯扑闪着大眼睛，长长的睫毛像蝴蝶一样舞动着，煞是好看。

"这可使不得呀！你每天送吃的过来已经让我万分感激了，哪能再接受这样大的馈赠呢？快回去告诉你阿妈，我们过得很好，叫她不要天天为我们操心了。"白玛吉感动得眼中噙满泪水，但倔强的她实在不喜欢一直接受别人的馈赠。

"您不要这样说，我们在一起生活这么久了，大家一直互相帮助，从前您帮助我们家的事也不少呢！"善良的俄莫嘉体贴起人来，温柔得叫人不忍拒绝。

阿拉热诺不忍见阿妈的眼泪，连忙打岔道："好啦好啦！阿妈您先把酥油饼吃了吧，要不就凉了！我和俄莫嘉去河边玩啦！"说完，他便拉起俄莫嘉的小手跑了出去。

望着他们俩欢快的背影，白玛吉终于止住了泪水，欣慰的微笑爬上了她原本哀愁的脸庞。

谁也无法否认阿拉热诺困苦艰难的一生，但是很少有人懂得他的磨难背后，深藏着无数美好的情谊。人的一生就像修道，有些人可能做了一辈子学生，依旧无法收获慈悲之心，更不能体会生命的妙处；而有些人却天生淳善，尽管历经坎坷，却能在活着的每一秒体会呼吸的美妙。

那一年，阿拉热诺九岁，他和母亲、姐姐的生活十分凄苦。但在那段艰辛的生活经历中，阿拉热诺不仅体会到了人世间最温暖的善意，也慢慢加深了和母亲的情感联结。阿拉热诺一生都将阿妈的照片放在自己胸口的衣袍下，那寄托着他与阿妈最为深沉的母子亲情。

随着生活慢慢走上正轨，阿拉热诺的学习热情也渐渐重燃起来。他在亚马扎西齐寺中不断丰富着自己的精神世界。相对于深奥的经文，他对韵律十足的诗词更感兴趣。八岁时，他通过藏文译本的《诗镜论》学习了梵文诗词的创作方法。九岁这年，他已熟练掌握藏语文法，还学会了作诗、绘画和写文章。这一年，他创作出自己人生中第一首回文诗，震惊了寺庙里的高僧。

在藏语中，回文诗被称为"贡桑柯落"，意为普善转轮。这是因为回文诗并非单纯的文字诗，而是变化无穷的图案诗。回文诗属于小五明中修辞学之下音韵修饰里的"难作体"，是藏文诗歌创作中最具难度的一种体裁。小小年纪的阿拉热诺便能创作出地地道道的回文诗，既是天分使然，也是勤勉上进的结果。

从此，大家不再将他视为只有小聪明的"智慧心"，而是郑重地称呼他的俗名：仁增朗杰。

问名·弘法

西关山苍凉而萧索，从山上的西关寺远眺，远处的村落就像是一个布衣诗人般潦倒而寂寞。上山朝拜的村民每天都会看见一个清瘦的少年，骑着棕色大马往来于此，他时不时驻足眺望远方，清澈的眼睛温柔而镇定。

这已是仁增朗杰写出第一首回文诗的第二年，此时他已离开母寺亚马扎西齐寺，来到离家十公里远的西关寺学经。让人感慨的是，他之所以离开阿爸入驻多年的亚马扎西齐寺，正是因为从阿爸那继承的独立思维，让他不再满足于亚马扎西齐寺僧侣的刻板教学。当他三番两次提出"离经叛道"的看法时，他离去的命运便已注定。

十一岁时，仁增朗杰来到有"晶寺"之称的西关寺，师从拉让巴格西[①]楚臣，继续学习文法和诗词。格西楚臣对他的诗词天分大为赞赏，鼓励他依循天性创作，不要拘泥于规则。

用火来净化微妙的精华，
无限之光在身体中合一，
你是上师、学生，也是听众。

这是仁增朗杰在那一时期写的又一首回文诗，即便无法看到它以圆融完

[①]拉让巴格西：藏传佛教格鲁派寺院最高等级的格西学位。另有措让巴格西、多让巴格西等。格西是藏语"格威西联"的简单形式，意为"善知识"，指格鲁派寺院的学位。

满的图案形式展现在我们面前,但仅从字面上,我们也能看出这是一首充满佛法精髓与人生哲理的佳作。字里行间除了展现出他出众的诗词天赋,更多显露的是一个小小少年对于人生、感情、佛法的亲切感悟。

虽然命运给了他数不尽的坎坷,但仁增朗杰的心中,从未沾染一丝泥泞。

又是一个曼妙的春天,青海东部平原的牧场在残雪消融中渐渐苏醒,曲折的山路蜿蜒在泛着微微鹅黄的灌木间。远方的天际就在触手可及的地方,美丽姑娘身上的银饰叮叮当当,仿佛是天街里的编钟在碰撞。俯瞰双朋西村的整个牧场,几点羞涩的青绿颤颤巍巍地抖动在雪未化尽的空地上,偶尔几只小鸟落在一小片残雪上轻啄着雪水。正午阳光像微笑一样清甜温柔地照过来,残雪便要化尽了。春天的脚步渐渐铺天盖地而来,整个天地都被春的气息席卷包围。

仁增朗杰骑着马在村口的鲁曲河旁休息,他眺望着牧场的边际,希望看到更远一些的地方。夕阳渐渐沉去,仁增朗杰牵着马向家中走去。院子门口俄莫嘉微笑着倚在门边。

"才回来呀?今天怎么晚了一些?"俄莫嘉已经等了有些时间,关切地问。

"刚才在河边待了一会儿,所以耽误了一些时间。"仁增朗杰空出牵马的手来稍微整理了一下衣服,抬脚准备进门。

"你最近越发瘦了,我刚给你阿妈送了一些牛奶,你也多喝一点吧!"长大了的俄莫嘉依旧喜欢关心身边的人,她温柔地笑着,像是快要绽开的白莲。

"你怎么又送东西来啦?还说我呢,你可比我瘦!你才应该每天多吃一点。"和好朋友的几句闲话,使累了一天的仁增朗杰轻松了不少。

说话间,仁增朗杰已将马牵去了马棚。俄莫嘉陪在一旁,清脆的笑声洒得满院子都是。白玛吉听到笑声便出来唤两个人回家吃饭。青稞面和牛奶的香气弥漫起来,惹得两个伙伴的肚子咕咕作响,二人说笑着各自回家吃饭。

"阿妈,我明天要到甘南夏河的甘加去,两天后才能回来,您在家照顾好自己。"吃饭时,仁增朗杰喝了一口牛奶对阿妈说。虽然只是短短的两天时间,他还是有些放心不下阿妈。

"怎么要去那么远的地方？"

"去见宁玛派的卡加德东喇嘛，是一位很有名望的高僧，我去听他讲解佛典。"看着阿妈有些不安的眼神，仁增朗杰解释道。

"这样啊，那你路上可要小心。"

"阿妈，不要担心我，我已经长大啦，可以照顾好自己的。"

第二天一大早，仁增朗杰找到俄莫嘉，嘱托她照看阿妈后便出了门。

甘加草原上的风弥漫着浓浓的清新草香，蓝天与绿草嵌连着，云朵像是滚动在花蕾飘香的绿叶间，给宁静的草原增添了一分活力。成群的牛羊在这片富庶丰饶的土地上自在地觅食，牧马人甩动长鞭，清亮的回响在无垠的天地间荡漾开来。近处的几条小小的沟壑间有涓涓的水流在漫步，几只小羊偶尔上前来饮水。整个草原的青绿被微风荡起，像是羊儿身上梳理过的羊毛般柔顺而温暖。

仁增朗杰在这片草原上来来往往了许多次，依旧看不够这里的风景，吹不够这里温柔的风。他将在这里领悟佛法经典的精髓，透析佛学的真理。他的灌顶礼也将在这里举行，他会把卡加德东喇嘛弘善佛法的嘱托印在心间。

平原四季的风将仁增朗杰吹得肤色有些黑黄，清瘦的样子越发坚毅。这一年，他在格鲁派寺院底察寺正式剃度，由活佛夏玛·根敦丹增嘉措授比丘戒，活佛为他取法名根敦群培。

自此，根敦群培开始在底察寺学习因明与佛法，他超乎想象的天赋与领悟力震惊了寺里的大活佛德东索甲仁波且和多仁波且。二位上师在根敦群培修法的过程中给予了种种帮助与教导，令根敦群培一生受益，成为他万分尊敬的两位上师。

在底察寺的学习让根敦群培脱胎换骨为一个崭新的少年。他在寺院中是一位能力超群的辩者，却往往在辩论之后长时间沉寂。他不骄傲于自己的卓越能力，也不炫耀自己的才学，对待他人十分谦逊有礼，对自己的阿妈与最亲爱的朋友俄莫嘉，也是一如既往地温柔而懂事。

那个被唤作仁增朗杰的少年长大了，当上师将他的名字改为根敦群培的那一天，他便被寄予了美好的期待。一个少年的寻法之路就这样开启了。

颠覆·诘问

秋风乍起，裹挟着高原特有的凛冽，从沟壑纵横的山岭间恣意穿过，为化隆带去几分凉意。在时疾时缓的寒风中，几位身披红色披肩、腰系黄色腰带的僧人正聚在山腰一处缓坡上静坐。他们呼吸平和，神态安详，似是任天气如何糟糕，都不能让他们动摇分毫。

这些举止独特，且与传统僧侣装束迥异的人自称"日绰巴[①]"，他们于19世纪初在青海个别格鲁派寺庙中出现。由于不满循规蹈矩的刻板生活，日绰巴选择离开传统寺院，只身或结伴来到僻静的地方修行。他们或隐居山间，打坐诵经；或云游四方，随遇而安。

有新思想就有追随者，有追随者就有朝圣地。位于青海东部黄土高原和青藏高原过渡区，地处偏僻的化隆，正是日绰巴相对集中的地方。化隆在先秦时曾是羌人的牧地，也许是继承了古老游牧民族的自由精神，这里的宗教氛围和西藏传统寺院里的一板一眼大相径庭。正是看中这一点，日绰巴思想的积极倡导者夏玛尔班智达便于1903年在这里创立了底察寺，供日绰巴僧人集中修行。在学经修法上，底察寺没有传统寺院的诸多束缚，因此显得不拘一格。这里的僧人们虔诚，却不盲目；谨慎，却不僵硬。所以，在短短几年内，底察寺就涌现出一批颇有见地的僧人。

1917年，当十四岁的根敦群培进入底察寺学习因明与佛经时，恰赶上了

[①] 日绰巴：意为"山间派"。

这样一个思想自由、龙象辈出的好时候。之前在亚马扎西齐寺与西关寺学经时，根敦群培已经显露出独立思考的劲头，但像底察寺这样公开质疑经典的学习氛围，着实让根敦群培吃了一惊。

入寺不久，根敦群培便按捺不住好奇，向上师请教："上师，小时候阿爸让我背诵经文，再三告诫我不能有丝毫差错，因为那是佛的言语。为什么在这里大家却以批驳书中的内容为荣？"

面对根敦群培疑惑的眼神，根敦丹增嘉措放下手中书卷，正色道："你可曾亲耳听过佛的言语？"

"这……"面对上师的"奇怪问题"，根敦群培一时语塞。

"书中文字，皆是凡人所写，是人就有谬误，有谬误为何不能批驳？"根敦丹增嘉措循循善诱。

"那么，如何分辨哪些是真理，哪些是谬误呢？"根敦群培还是不甚了了。

根敦丹增嘉措指指手中的书卷，郑重道："这就是我们学习因明学的妙用！因明学中的逻辑就是我们一步步勘破谬误，接近真理的完美道路。"

"嗯……"根敦群培似是想到了什么，眉头紧锁。片刻后，他突然眼前一亮，"上师，那教授逻辑的书卷中就没有谬误吗？学佛的道路本来就是坎坷而不完美的吧。"

根敦群培这古灵精怪的一问反而难住了根敦丹增嘉措，他望着眼前这个身材瘦弱却眼睛炯炯有神的孩子，仿佛看到了一颗在西藏晦暗的夜空中冉冉升起的璀璨明星。从那天起，根敦丹增嘉措便对根敦群培格外关注，有时还会给他增加额外的学习和专门的指导，这让根敦群培进步神速。

根敦群培的挑战精神在上师的殷切栽培下初露苗头，但是，底察寺却处在西藏佛界舆论的风口浪尖，风雨飘摇。彼时，底察寺以格当洛桑华丹为首的日绰巴学僧对格鲁派经典教材《郭莽尤恰》[①]提出尖锐的质疑。这种质疑

[①]《郭莽尤恰》：一世嘉木样大师的著作，后被采用为格鲁派的佛学教材。

在后学的接力下渐渐演变成一场格鲁派内部的佛学论争，这便是影响深远的"底察论争"。底察论争既为底察僧人贴上了狂傲的标签，也为他们赢得了善辩的美名。

初入底察寺的根敦群培虽然很快便以聪慧出名，但那时的他学识尚浅，并没能直接参与这场论争。不过，耳濡目染的影响不可小觑，他后来屡次挑战权威的叛逆行为就带有鲜明的"底察学派"特征，而他将来远游十二载的传奇经历，也正是日绰巴僧人所推崇的学佛方式。

根敦群培在底察寺收获的不只是作为叛逆者的挑战精神，还有作为师者的宽恒之心。这也是他区别于一般恃才傲物型学者的地方。

"上师，我们为什么总要用这些拗口的异名词来对话呢？藏语里不是有相应的词汇吗？"与根敦群培独处时，根敦丹增嘉措总是要求他用梵文异名词来和自己交流，这让根敦群培觉得很是吃力。

"佛教的根源在印度，佛经的原文亦是梵文。你学佛之心若诚，脚下的道路总有一天会绵延到佛的故乡。即便你一生都不会涉足印度土地，你也要从原汁原味的经书上去理解佛法的真正奥义。"根敦丹增嘉措耐心解释道。

听完上师的开导，向来勤勉的根敦群培重燃斗志："嗯，我懂了。咱们再来！"

正是无数段这样枯燥而漫长的午后对话，为根敦群培的梵文打下了坚实的基础。当他若干年后真正踏上佛国的土地，并通过翻译梵文典籍谋生时，他才真切体会到上师根敦丹增嘉措的良苦用心。后来，广收门徒的根敦群培继承了自己上师的可贵品质，他严谨的治学态度与耐心的教诲方式没有因为学生数量的不断增加而打折。这让根敦群培收获了学生们的敬佩与爱戴，当他后来身陷囹圄时，仍有一班学生虔诚追随左右也就不足为奇了。

师者，传道授业解惑。一个人一生之中会有许多重要的人，而上师便是这所有重要角色中的一个。人生道路曲折几何，每个人都曾是摸黑前行的学生，而能够遇到一位好上师的人都是人生路上幸运的学徒。

根敦丹增嘉措不拘一格的教学方法在很多地方都让根敦群培受益终生。在教授诗歌时，根敦丹增嘉措喜欢让学生置身于大自然，让他们与世间万物真切地接触，而不是在课堂上埋头研读僵死的文字。在这种学习环境下，根敦群培写出的诗歌总是充满活泼的生命力，而不是顽岩枯木般了无生气。

若是那时的西藏多几位像根敦丹增嘉措一样"另类"的上师，也许后来的根敦群培也不至于显得太过特立独行，而被四处排挤仇视吧。

浅池·蛟龙

时光似底察寺一旁的河水流逝不停，转眼已是根敦群培在底察寺学经的第三个年头了。这个已在底察寺颇具名声的年轻人，无论身形还是智识，都是当初那个十四岁的懵懂少年所无法企及的。

心智的成长带来的是眼界的提升。十七岁的根敦群培时常在傍晚下课后来到寺院附近的山间休憩，远处似隐若现的群山让他想起小时候阿爸带他骑着大马四处游玩的情景。他越发频繁地想起上师曾向他提及的佛国印度，想起僧友经常讨论的圣城拉萨，想起太多太多只在书籍和别人口中听到的名字……它们是如此遥不可及，又仿佛近在咫尺，好像只要他骑上一匹白马，便能将它们一一踏在脚下。

他从不掩饰在底察寺学经的快乐和充实，但对学识与领悟力突飞猛进的根敦群培来说，这座地处偏僻的寺院终究还是太小了。

这个教他挑战权威的地方，终究也要被成长后的他所挑战。

一个夏日午后，根敦丹增嘉措将根敦群培叫到自己住处，指着书案上的一摞典籍对他说："回去用最短的时间把这些书读通，然后来找我。"

"上师，为什么突然要我读这么多？"上师反常的要求让根敦群培有些不解，根敦丹增嘉措向来以耐心和善著称，从未用过这样"急功近利"的教学方法。根敦群培挠了挠头，期待上师给他一个答案。

"不要多问，回去好好研习即可，等你读完了我自然会告诉你原因。"

根敦丹增嘉措定定地看着这个聪颖过人的徒弟，眼神和语气同样不容置疑。

"好吧。"出于对上师的尊重，根敦群培将桌上的典籍和心中的疑惑一并抱起，转身离去。"也许是一项特殊的考验吧。"回到住处后，面对眼前这一大摞书，根敦群培如此安慰自己。

有时，人的潜力不光超乎别人的想象，连自己都可能为之惊叹。一个半月后，根敦群培抱着那一摞书来找根敦丹增嘉措，禀报道："上师，我完成了。"这一个半月起早贪黑的苦读着实让他有些压抑，但出于对上师的尊重，根敦群培说话时还是极力克制着自己心中涌动的无限喜悦。

根敦丹增嘉措看到徒弟眼中闪动的自信的光芒，心中甚是欣慰。他像一个半月前给徒弟布置任务时一样定定地望着他，但眼中的严厉换成了赞许与期待。

良久过后，根敦丹增嘉措仿佛回过神似的，缓缓说道："根敦群培，你在底察寺的所有学习任务都已完成了，回去收拾行囊吧。"

"收拾行囊？上师您为何这么急着赶我走？"对于上师突如其来的安排，根敦群培有些惊疑。

"因为时候已经到了。"根敦丹增嘉措简短地回答。

根敦群培毕竟在这里已经学习三年多了，如此突然地让他离开，他有些接受不了。根敦群培急急地向前走了两步，问："那……那您能告诉我，我接下来要去哪里吗？"

根敦丹增嘉措微笑着说："去一个……能够容纳你的地方。"

"您的意思是底察寺已经容不下我了吗？"根敦群培有些茫然。虽然他也越发觉得底察寺所能学到的东西越来越有限，但这么突然的离别，还是让他有些措手不及。

"寺院也好，家也罢，容纳的只是你的身体，而你的心不该被一处地界容纳。相反，你要用你的心将天地统统容纳进去。这天地不只是底察寺，不只是化隆县，不只是热贡，而是当你将世间万物仔细丈量一遍后所能体悟的一切。"根敦丹增嘉措娓娓道来的开示话语，听在根敦群培耳边就犹如一道醒神的清泉，渐渐冲淡了他眼中的迷茫。取而代之的，是一如既往的清澈光亮。

根敦丹增嘉措知道，时候差不多了，最后勉励道："寺院外的天地，一定比寺院上空那块小小的天幕要大得多！走出去吧，去容纳更大的天地！"

夏天是草原牧场一年中最有生气的季节。繁茂的草地像墨绿的深海底，烂漫的野花成片盛放，仿佛海底的斑斓鱼。鲁曲河在花草间蜿蜒，波光潋滟，偶尔几分涟漪在阳光的折射下泛出七彩光晕。远远站在牧场一角望向河水，便是雨后彩虹般的海市蜃楼。有时会有调皮的小马偷偷躲在"彩虹"下汲水，它抬起头对着天空厮磨温暖的阳光，仿佛撒娇的孩子在享受母亲的抚爱。

草原上一个少年骑着骏马奔驰着，他甩一甩马鞭，让风声在耳边拉成绚烂的彩色布条，让自己在一片旖旎的色彩中跳跃、奔腾。"将天地纳入心中"，他一直默念着这句话。远方的山转眼便在眼下了，方才遥远的云朵如今触手可及。他勒住缰绳停下马，对着天空伸出了手指，想要抓住它放进自己心中。

俄莫嘉骑着马从后面赶上来，嗔怪根敦群培骑马像"土猴子"一样快。根敦群培微笑着看一眼美丽的小伙伴，调皮地挥起马鞭跑了起来。两个人在广阔的牧场上追逐、嬉笑，太阳从西方的山顶渐渐向山腰的凹陷处沉去，暗示牧场上骑马的少年该要归家了。

那天夜里，根敦群培一夜未眠，一遍又一遍地回味白天将天地"纳入"心中的奇妙感觉——心是那样敞开着的，天地就在其中游弋，感觉自己比天地还要广阔。

日间与好友的"赛马"鲜活地闪现在根敦群培的脑海中，那感觉多美。然而一生就这样过下去吗？和美丽的姑娘将岁月定格在一片看似无垠的牧场吗？

他也许只是一只可以借助骏马飞奔的"土猴子"，是少年玩伴身边的一个陪同。然而，根敦群培的内心对于这样的人生角色有些不甘。天地这样大，他不愿做一个匍匐在大地尘埃里的渺小颗粒，孤寂在世界一隅。因为渺小带来的无望，根敦群培对于自由越发渴望。他想要变得更加强大，更加广阔。底察寺、双朋西村、热贡牧场之于宇宙也不过是一颗不起眼的沙粒，而根敦群培无法想象将自己的一生局限在这沙粒的一隅。

那一夜，他辗转反侧直到天际泛白，终于下定了决心。

根敦群培早早起床，做好了早饭才叫醒阿妈。

"阿妈，我有个事情要跟您讲，希望您不要生气。"小心翼翼地说着话，根敦群培不敢看阿妈的眼睛。

"好孩子，什么事叫你这样为难？告诉阿妈，阿妈一定支持你。"吃着小儿子做的早餐，白玛吉心中十分欣慰。

"我想要去外面的世界走一遭，去看看更大的天地，去领悟更多的佛法。"看着阿妈的眼睛，根敦群培有些为难地低下头。

"亲爱的阿拉热诺，底察寺还不能容纳你吗？"白玛吉有些看不懂自己的孩子。这个孩子已经长大了，和她一样高，俊朗的脸上成熟而坚毅，神色俨然已是成年的样子。这样的发现让白玛吉有些诧异，她感觉时间偷偷地拿走了很多东西，譬如儿子身上的稚嫩。

"底察寺只是一片小湖泊，而我心中要装下的是整个天地，是大千宇宙。"根敦群培的眼睛里闪着光彩，语气中充满向往。

"那么你打算去哪里呢，亲爱的阿拉热诺？"白玛吉唤着小儿子的昵称，尽管他已经成长为睿智博学的少年根敦群培。

"堪钦根敦丹增嘉措大师向拉卜楞寺推荐了我，我想去那里继续学经。"根敦群培说。

"那是很好的寺院，阿妈支持你！不过，你既然选择了寻找更广阔的天空，就要每日精进，切不可懈怠，辜负了时光和自己。"尽管不舍，但白玛吉从未想过束缚自己最疼爱的小儿子。

从那样懵懂的年纪开始，根敦群培早慧的言行举止便引起了大人的注意。但是他们没有发现，尽日在经堂中规规矩矩诵读经文的根敦群培，天性中其实藏着"离经叛道"的特质。他会对大师的经典提出尚显天真的质疑，也会对上师偶尔过于严厉的训诫感到不满。

这份"叛逆"，更确切地说是一种"源自天性的悸动与好奇"——在一个少年身上显得毫不起眼，却足以成为影响他一生的性格底色。那时的根敦群培不会料到自己将来竟是如此长久地徜徉在大地上每个遥远的角落，远离他熟悉的一切。而他的家乡双朋西村的大人也只会简单地告诉自己的孩子：阿拉杰布家里有一个小喇嘛，他二十岁时离开了家乡，从此再也没有回来……

牵着马的少年面孔清瘦，微有泪迹，他眼睛红红地看一眼阿妈，捧起阿妈的脸庞亲一亲，再转过来看一眼阿妈身边的少女，无尽的嘱托与感谢都藏在眼睛里。他上马向牧场的深处奔去，恍然间又住了马，回头再深深地望一眼远处两个挥手的身影，最终转身离去。

俊友·因明

黄河从巴颜喀拉山出发,在向东浩荡奔流了四百四十三公里后,突然转了一个近乎一百八十度的大弯。从这个大弯向北一百二十公里,正是黄河支流大夏河孕育的沃土。在这片丰饶的土地上坐落着藏传佛教最大的学府之一:拉卜楞寺。

若将时光倒退三百多年,你会有幸在甘加部落冬季牧场的一隅,看见"金盆养鱼"的自然奇景:无垠的牧场环抱着横卧的龙山,山脚下土地丰沃、河水婉转。这块土地被牧民视为上天的恩赐,是吉祥的圣地。三百年时光荏苒,那些结着五彩发辫的少女早已完成自己的成人礼梳妆,那些策马奔腾的少年英雄也早已消失在金戈沙场。唯独这片美丽丰饶的牧场,始终在斑斓的岁月中跌宕沉浮,并一直被人们亲切地叫作"扎西奇"。

1709年,善良的甘加千户将"扎西奇"献给大师嘉木样建造寺院。寺院落成时,顺理成章地沿用地名,叫作"扎西奇寺"。数年后,大师嘉木样的府邸也在寺中拔地而起,名唤"拉章"。扎西奇寺也从此被更名为"拉章扎西奇寺"。数十年烟雨过后,前人口中的"拉章寺"已被后人正式更名为:拉卜楞寺。

拉卜楞寺伫立在海拔三千米的高原之上,洁白而不单调,挺拔而不自傲。迎风飞扬的风马旗是它的衣袂,一排排如铜墙一般的转经轮是它发上的束簪,它被云围裹在一片圣土上。在这广阔的天地中,遍布着满心烂漫的诗人、妙手回春的医师、博闻广识的高僧、诲人不倦的学者、技艺精湛的艺工。它曾是历史学家心中的"第二西藏",学者口中的"东方梵蒂冈",社会学家眼中"藏族现代化的跳板",它就是而今的"世界藏学府,中国拉卜楞"。

根敦群培站在氧气稀薄的高原之上,呼吸着冰凉的空气。昨日他还在双朋西村的小院落中冥想着拉卜楞的种种,而今他站在这巍峨的寺庙最高处想起阿妈、俄莫嘉,感觉那已是前生的亲人。根敦群培想起堪钦根敦丹增嘉措,那个指引他来到这里的上师,上师的教诲仍然一句一句在耳边回响。

"我向这个驰名远扬的拉卜楞寺投去了第一瞥,而就是这一瞥差点让我窒息,展现在眼前的真是一个名副其实的美丽之城。"西方旅行者的一瞥惊鸿,而今已是西藏儿女铸就的辉煌世界。根敦群培就这样来了,来到这披着佛光,诵着梵音的圣地。根敦群培默默走在这充满历史与文化气息的寺院中,他清楚地看见身后底察寺与家乡的一切慢慢褪色,而生命中早已被安排的那段命运赞歌,正在被隆隆奏响。

1921年,年轻的根敦群培走在通向甘南草原的路上,从底察寺毅然地走向了藏传佛教的最高学府。接下来的七年,伴随他的将是寺前日夜不歇的流水与生命中从来不曾断绝的诵经声。

根敦群培到拉卜楞寺后,在寺中的闻思学院学习因明和显宗。闻思学院设三个学位考试——绕降巴、嘎然巴、多让巴。三种学位中,绕降巴与嘎然巴是针对修行时间与自身知识积累进行的测试会考,而多让巴作为闻思学院的最高学位,要求考僧必须是俱舍部毕业者,且对五部大论拥有深刻见解。因为僧人一生只有一次多让巴考试机会,而录取名额每年又只有两名,所以在此修行学习的僧人都为考取这个学位而毕生努力。根敦群培对于多让巴格西同样十分重视,七年中,他每日用功学习,诵经读论,时刻不敢懈怠。

那些年闻思学院的僧舍中,青灯一畔,少年低头在经书中神游;古佛之侧,少年颔首在佛像前诵经。根敦群培徜徉在佛法的世界中,其问道弘法的一生,就这样在考取多让巴的路上缓缓展开。

拉卜楞寺仿佛一个开放的"文化殿堂",它以闻思、医药、时轮、吉金刚、上续部及下续部六大学院为主——这在整个藏蒙地区的寺院中也算建制最健全的。闻思学院是最重要的组成部分,又称大经堂,占地十余亩,有前殿楼、前庭院、正殿和后殿共数百间房屋,都是藏式和古宫殿式的混合结构,顶上有鎏金铜瓦、铜山羊、幡幢、宝瓶等装饰物。闻思学院以显宗为主要教授内容,并着重研习印度佛学家所著的五部大论(《释量论》《般若论》《中观论》《具舍论》《戒律论》)。

"五部大论"分十三级学习,通常需要十五年才能完成全部内容的学习。之所以以"五部大论"为讲修的主要内容,"是因为释迦牟尼佛的一切言论都集中在《三藏》之中,而'五部大论'则如同《三藏》的'总纲'。如果细分:《显宗精要》为《戒律学》的'总纲';《中论》《释量论》和《俱舍论》为《法藏》的总纲;《般若》为《经藏》的'总纲'"[①]。作为显宗教育的主要内容,学僧学完五部大论,并考取格西学位之后,才能证明其具备了修习密宗的资格。

拉卜楞寺自建成之日起就吸引了许多来自不同地方的人。远道而来的美国牧师季维善成为拉卜楞寺开放的见证者,他的福音堂里经常有寺院的僧人到访,根敦群培就是其中之一。在这位和善牧师的记忆里,瘦小的根敦群培对英文兴趣盎然,并且对那些洋玩意儿十分着迷。在那个年代与基督教的传教士成为朋友必然会招致不和谐的声音,但这位智慧僧人在坚守传统与现代革新之间走出了自己的坚定足音。

在拉卜楞寺,除了学经与辩论,根敦群培对现代文明与西方文化产生了浓厚兴趣。除了季维善,美国基督教牧师格雷贝娄也在拉卜楞寺传教。早在19世纪末,基督教就来到拉卜楞地区开展传教活动。1882年,美国首先在洮

[①] 杜永彬:《二十世纪西藏奇僧:人文主义先驱更敦群培大师评传》,北京:中国藏学出版社,2000年版,第53页。此处《戒律学》即《戒律论》,《中论》即《中观论》,《俱舍论》即《具舍论》,《般若》即《般若论》。"五部大论"皆有其他称法,本书不一一列举。

州（今临潭）建立了"甘南宣道会"，后来又在拉卜楞建立"神召会"，但此举遭到当地僧侣的强烈抗议。因此，基督教传教士改变传教策略，以退为进，打算先和当地人搞好关系。格雷贝娄就是一个希望融入当地生活的传教士。他苦学藏语，还自取藏名喜绕丹培，积极地和拉卜楞寺僧众交流学习。根敦群培到拉卜楞时，格雷贝娄已经可以和该寺的僧侣用藏语讨论艰深的宗教哲学问题了。

酷爱学习又对外面广大世界充满好奇的根敦群培与格雷贝娄一拍即合。他向格雷贝娄学习英文与基督教知识，格雷贝娄则向他学习西藏历史与佛教文化，两人自此结下深厚友谊。虽然彼时不少西藏百姓都见过外国人，但对这些金发碧眼的"怪物"，人们还是本能地保持着警惕与猜疑——根敦群培的姐姐贡吉就是其中一个。

那时，比根敦群培大七岁的贡吉已经结婚，嫁给了亚马扎西齐寺夏嘎巴二世的一个亲戚，这让家里的情况有所改善。从双朋西村到拉卜楞寺骑马只消半日光景，所以贡吉常常来探望根敦群培，顺便送些食粮资物。

快入冬了，白玛吉担心根敦群培受寒，便叫贡吉带上几件冬装和一大早做的热气腾腾的酥油饼去趟拉卜楞寺。贡吉也有些日子没见到聪敏的弟弟了，于是收拾妥当便匆匆出发，胯下的马儿似乎感受到了她的殷殷思念，等她赶到拉卜楞寺时，午饭时间还没到呢！

贡吉拴马的时候，正巧望见弟弟和格雷贝娄相谈甚欢。

"阿拉热诺！"贡吉急急地唤着弟弟的名字——虽然根敦群培已是远近闻名的优秀僧侣，但她还是习惯叫他的小名。

"姐姐！你什么时候来的？"根敦群培看到许久未见的姐姐，甚是高兴。

"愣着干什么？快来帮我拿东西！"姐姐看到他旁边那个金发碧眼的外国人，说话都变得急促了。

根敦群培连忙上前帮忙卸下马背上的包裹，关切地问："姐姐还没吃饭吧？"

贡吉顾不上回答，悄悄把根敦群培往旁边拉了拉，背对着格雷贝娄，沉声说："你怎么跟那个人走在一起？你不知道吗？离他们太近，眼睛会变红的！"

根敦群培笑道："姐姐你听谁说的呀？他和我们是一样的，只不过毛发和眼睛颜色不一样罢了。"

"不行！反正你得听我的，少跟他来往！"根敦群培离开双朋西村后，家里的事情多由贡吉操持，时间久了，说话也有了一家之主的霸气。

根敦群培知道拗不过姐姐，便含混几句带过，热情地带她去吃午饭。

出于保护弟弟的本性，姐姐贡吉对这些样貌奇特的外国人抱有警惕。她担心最爱的弟弟被他们"污染"——无论是眼睛的颜色，还是精神的纯洁度。对此，根敦群培只是付之一笑。但他不会料到，姐姐的担心，从另一种意义上来说，并非没有道理。

只不过，那将是十年之后的故事了。

辩经·妙智

三百年前,拉卜楞寺的创建者一世嘉木样大师将格鲁派的经典教义带到了甘南草原,三百年来,宗喀巴大师的严谨学风从未在这里间断,更未曾有人挑战。而根敦群培的桀骜,恰似一滴清水跳入热沸的油锅,让年轻学僧们的思想顿时溅腾起来。

拉卜楞寺作为格鲁派寺院,其学经方式与其他派别循规蹈矩地背诵的模式有所不同。格鲁派僧人多能言善辩,博学广义,与其背诵加辩经的学习模式不无关系。根敦群培初到闻思学院时苦修佛学经典,学业精深,成绩十分突出。他所在的班级有一百八十名僧人,他们皆受根敦群培影响,热衷于背诵诗词经典,更成就了当时名噪一时的"名词班"。

"阿拉底察,等等我!"身后传来几声急促的呼唤,根敦群培不用回头也知道是同级学僧丹增。"这个拖沓的家伙。"根敦群培苦叹两声,放慢了脚步。

丹增一阵小跑,终于追了上来:"没想到你这么瘦,走起路来倒是不慢!看来活佛转世就是和常人不一样。"在拉卜楞寺,根敦群培的外号是"阿拉底察",意为"来自底察的转世活佛"。与根敦群培不熟的学僧因为这个外号对其颇为尊敬,倒是丹增时常拿它开根敦群培的玩笑。

"不是我走得快,而是你每次去辩经都故意拖沓。也难怪,每次几个回合就被人辩倒了,换了是我也不愿意早去。"根敦群培总是不忘调侃这个略显弩钝的僧友。

丹增一边喘着粗气一边无奈道:"真不明白为什么总是要公开辩经,我还比较习惯从前挑灯夜读的学经方式。"

说到辩经,根敦群培收起了脸上的玩闹神情,郑重地告诉朋友:"辩论就是学经的最好方式!因为不管是自己提出论点,还是反驳别人的论点,都是从所学之中提炼的精华。没有这个提炼并经受检验的过程,你怎么知道自己读到的经文不是糟粕呢?"

"嘘——你又说这些犯忌讳的话了!"丹增见他又要批驳寺院的经典教材,连忙加以制止,"我们都知道你聪敏,但你也不能总是从历代嘉木样大师留下的经典中挑刺啊。这可是大不敬!"

根敦群培早已听过无数次类似的"好心劝诫",却丝毫不为所动:"正所谓,大疑大悟,中疑中悟,小疑小悟,不疑不悟。大师的经典是拿来助我们勘破思维迷障的,若是一味膜拜,不加甄别地吸收,那才是浪费经典的妙用,是对先贤大师们真正的不敬!"

"算了算了,就知道说不过你,怪我多嘴。"丹增悻悻地摆了摆手。

其实,根敦群培的这番说法丹增听多了也觉得颇有道理,但对胆小的他而言,规矩比理智更有说服力。这也是在那个年代,西藏寺院里学经的普遍状况。即便是在"辩经"这种以"挑战"和"勘破"为核心的活动中,很多学僧还是不敢逾矩越俗。殊不知,那些他们从不去触碰的"思维雷区",正是他们突破智识关隘的关键阵地。

这已是根敦群培来到拉卜楞寺学习的第三年了。这三年间,他的学习成绩令不少同级的学僧羡慕不已,尤其是他无与伦比的辩才,更让他在整个拉卜楞寺树立了威名。在藏传佛教中,逻辑是因明学的重要组成部分,辩经自然成了西藏佛僧们的必修课。辩才超群的学僧总是受到最多的关注,其晋升的速度相较一般的学僧也快得多。不过,根敦群培关心的不是迅速晋升为格西,而是从你来我往的交锋中,筛尽经文与思维的谬误,最大限度地接近心中至理。

这是深秋的一天,带着几分凉意的微风从拉卜楞寺上方拂过。再高一点的天空中，两只苍鹰正在盘旋觅食。寺院门口偶尔传来一阵奔驰的马蹄声，急促却不十分真切。走在路上的根敦群培却对这一切视若无睹——他正在心中默默盘算着今天的辩经思路。走在一旁的丹增从未在根敦群培的脸上见过如此谨慎而认真的神情，不敢打扰，只是默默同行。今天是根敦群培的重要日子，因为他的辩经对手不是同级或高一两级的学僧，而是一位颇有名望的格西。

半炷香后，丹增看到根敦群培脸上的郑重消失了，取而代之的是熟悉的轻松自信。此刻，他正站在大经堂的中间口若悬河，智慧的眼睛中满是笃定，倒是一旁的大格西俯首沉思的模样有些尴尬。根敦群培在论证"禾苗是觉悟的本源"，他说得有些激动，语速极快。一旁的僧人神色惊慌，甚至有些学僧已经在擦拭格鲁帽下泛起的汗珠，他们从来没有想过，在一年一度的秋季法会上，会有这样一个僧人：他清瘦的面庞因为兴奋泛起红晕，他没有引经据典，只用一些学僧从不曾听说过的知识论证一个佛学不曾提出的论点。根敦群培口若悬河地陈述着，而平时僧人们眼中威严不可侵犯的大格西却对根敦群培的观点无从反驳。所有人一言不发地听根敦群培从论点出发，思维清晰地将论据一一列举，而后完美地以一个无可辩驳的结论结束了他的辩论。

面对寺里早已智慧具足的大格西，这个"狂傲"的少年僧人通过与对方的思维碰撞重新诠释了那些浩繁的典籍。他早已将那些不可胜数的典籍化为自己的智慧，殊胜的才智让权威自叹弗如，却也为他招来了异样的眼光。

根敦群培将自己的观点陈述完毕之后，现场一片死寂。他并没有像其他人一样回到自己的位置上等待权威的答复，而是和另外一名同样出色的辩经学僧一起要求直接参加第四次会试。这种要求在寺院是没有先例的，但是学院商议后最终还是答应了他们的要求。虽然根敦群培在第四次会试中没能完美地回答出所有问题，但他在追求佛学的路上因为坚持自我而收获的独特体验是同时代学僧所难以体会的。

---

①遮破：佛教用语，有破除、揭穿、批判的意思。

佛教各宗派之间，经常会有一些辩论。辩论的时候，首先要知道对方的观点，再进行遮破①。进行遮破时，不是为了辩论而辩论，而是以辩论的方式抉择大空性，说明诸法的实相真理。辩论的主要目的是巩固所学知识，熟悉所学经典。第一种是寺院主持组织的辩论。每年农历四月十九日至二十四日举行辩论大会，由嘉木样亲自主持，闻思学院的全体僧众都必须参加。答辩者为五至十二年级的僧人，提问者为各级级长、大活佛和被推选出的优秀僧人，主要目的在于辩明经义。第二种是在法会或节庆举行的一种辩论。第三种名为"磋朗"，意为会上辩论。在七月法会和重大的节庆举行，地点在大经堂，由两人行走辩论，主要目的是使学僧准确理解经典的内容和思想，学僧通过这种辩论提高自己的佛学水平和声望，以获得社会的承认。第四种是跨地区或寺院的辩论，目的是检验辩论者的学识水准，提高其在藏传佛教界的知名度。

根敦群培在拉卜楞寺的首次辩经让他所在的名词班于寺院中声名鹊起。他不迷信权威，不盲从经典和教规，以佛教大局为视角，以佛教发展为目的地，不惧怕撼动拉卜楞寺的权威佛学论点。这样的行为给根敦群培带来了一些志同道合的朋友，但也为他带来了一些异样的眼光。

在闻思学院学习期间，和根敦群培同样具备优秀辩才的同班级学僧益嘉降央对他的学识十分赞赏。有时他们会一起走在夏河旁边讨论佛法，或者夜班在大经堂前互相交流诗词体会。秋季大法会之后，二人关系愈加紧密，时常一起学习苦修，第二年被同时评为学院中最优秀的两位辩经学僧。

一日，根敦群培独自一人坐在夏河边发呆，益嘉降央在僧舍没有见到他，便寻了过来。

"你在这做什么？"益嘉降央顺势在根敦群培身边坐了下来。

"在想明天大法会考试的事情。"根敦群培说话的声音很轻，带着几分无奈。

"你一定是有了什么新想法，是吗？"看一眼对方的眼睛，益嘉降央和根敦群培心照不宣地相视一笑。

"都说益嘉降央聪明绝顶，果然什么都瞒不过你！其实我在想，拉卜楞的每个学僧的脑子都被佛学的'教材'禁锢了，但是又不知道该怎样打破他们的'死脑筋'。如果我和去年一样直白地阐述自己的新颖论点，只会惹得他们惊慌或者厌恶。"根敦群培说着话，有些懊丧地挠了挠自己的耳朵。

"我也在思考这个问题，今天找你就是要商量这件事。"益嘉降央面朝河水站了起来。

"是吗？"听到益嘉降央的话，根敦群培有些兴奋，他下意识地起身蹲在了一旁的一块石板上，很高兴与好友如此心有灵犀，"我刚才产生了一个新想法，不知道你怎么看？"

"快说来听听！"益嘉降央凑上来，急切地想了解友人的奇思妙想。

根敦群培扶着益嘉降央的肩膀说着自己的计划，益嘉降央十分赞同地点着头，时而兴奋地说上两句。两个人说话的声音淹没在夏河的流水声中，直到天色暗了下来，他们才意犹未尽地往学院走去。

第二日，根敦群培和益嘉降央一起走进七月法会考试现场，两个人坐得很近，时而对望一眼，似乎有些神秘地用眼神交流着什么。

那日法会考试的情景出乎了许多人的意料，甚至颠覆了拉卜楞寺法会的严肃制度。在场的每一位僧人都记得那天的场景，"轮到根敦群培时，他便坐着接受考试（意为立宗者[1]，'宗'为已经承许认为可成立事物或命题），头戴黄帽，等待问难。立量者（在辩论过程中向对方进行责难者）站在他面前，打着辩经的手势，在坐着的喇嘛中间来回走动，提出各种难题，其他任何一名喇嘛都有权参与，并且可以向立宗者问难和进行辩论。根敦群培坐在立宗者的位置，起坐对辩者（寺庙僧众大会上，二人起坐离席，当众一问一答，辩论佛教法相者）站着向他问难。彼此通过使用奇特的言论，出其不意地给对方出难题，因辩论双方对'教材'的见解不一致，引起大会僧众的愤慨"。[2]

---

[1]立宗者：简单来说即是辩经当中提出命题，接受质询、诘问的一方。
[2]杜永彬：《二十世纪西藏奇僧：人文主义先驱更敦群培大师评传》，北京：中国藏学出版社，2000年版，第60页。

拉卜楞寺在治学过程中所使用的教材，部分是嘉木样活佛所著。根敦群培在辩经过程中提出与教材不同的观点，令在场的高僧十分不快。尽管有一部分僧人对他的做法十分赞赏，但是他们因为惧怕权威和经典，也不得不选择站在根敦群培的对立面。

根敦群培一生治学态度严谨、求真，不虚妄，无畏经典。对于权威的拉卜楞寺，根敦群培依旧坚持自我，哪怕受到僧人的刁难，甚至打架打得头破血流也没有屈服。

不知是否还有人能够记起那个桀骜的倔强少年？如今寺院中春秋荏苒近百年，那台阶上还有岁月不曾带走的尘埃。可在那时的年月里，被戏称为"底察瘦子"的博学少年在七载光阴中塑造的坚毅严谨、追求真我的"自我放逐"式修学如今已不复存在。或许，还有许多关于他的过往，已在人们的记忆中模糊、消弭，然而他留给后人的独属于他个人的精彩在被时间打磨后，显得越发光彩照人。

第三章
雪域求法,智慧通达

根敦群培在拉卜楞寺一待就是六年,在学问日益增长、名气越来越大的同时,他在寺中的处境却越发艰难——在一个人人循规蹈矩的地方,清醒的人注定显得叛逆,甚至狂傲。

1927年3月,根敦群培终于选择离开。他求法的下一站,是人人向往的圣城——拉萨。

放逐·远行

1926年，根敦群培来拉卜楞寺已经六年了。这一年，在拉卜楞寺大法会上，根敦群培和益嘉降央因出众的辩才被认定为全寺最优秀的两名学僧。但这并没有改变根敦群培在寺中的艰难处境。在这个人人循规蹈矩的地方，清醒的根敦群培注定显得不合时宜。

除了在辩经法会上对寺院教材提出质疑，引来众怒，还有一件原本微不足道的小事也加速了根敦群培的离开——对机械玩具的痴迷。他在向朋友格隆讲述自己的早年生活时曾提到：一次，他在底察寺的宿舍里把一只破旧的钟拆卸下来，用散碎的零件制作了一艘能在水中航行的机械船。除此之外，他还试着制作过一只会飞的机械鸟，可惜未能成功。到了拉卜楞寺，原本应该"长大"的根敦群培在接触外国友人与现代科技后，对机械器物的喜爱不减反增。

其实，对佛教而言，机械科学并不算"旁门左道"。五明中就有"工巧明"一科。但在正统寺庙中，将过多的心思花在这上面就显得有些不务正业了。这天，拉卜楞寺举行经忏法会，全寺僧众照例先念诵《甘珠尔》，然后开始辩经。具体过程是全班级僧人分排坐开，同排的僧人会被分到一函内容相同的经书，然后一起快速而高声地朗诵。诵毕一函，接着念诵另一函。属于根敦群培念诵的那一部分，恰好是工巧明卷函的节选，卷中的精彩理论吸引了根敦群培的全部注意，轮到他那排学僧朗诵时，他竟缄口不语，只是兀自痴迷地浏览着经卷。负责领读的僧人见状皱了皱眉头，轻轻敲了敲他的肩膀，但他沉浸在书中，竟然没有丝毫反应。

他下决心在拉卜楞寺继续制作机械物品，似乎就开始于这一天。

由于热衷于制作机械器物，根敦群培渐渐对日常的寺院活动有所懈怠。每年农历六月是拉卜楞寺传统的香浪节。该节日最早由拉卜楞寺四世嘉木样大师举办，后来渐渐成为流行于甘南一带的藏族群众的传统节日。节日期间，拉卜楞寺的僧人会全体出去采集木柴，"香浪"在藏语中就是"采薪"之意。最早的香浪节除了采集木柴，还有煨桑和插箭等仪式。

这年香浪节期间，拉卜楞寺的大小僧侣都去附近的小山野餐，而根敦群培则和他的朋友留在寺院附近的小湖边，聚精会神地制作着小型机械船。据根敦群培的朋友回忆：小船第一次制成后，根敦群培拿出火柴，点燃驱动装置，小船在火焰热能的驱动下向湖心航行。可惜的是，这艘小船的尾焰很快便熄灭了。朋友懊恼地叹了口气，根敦群培却不以为意，他收回小船，将驱动装置仔细改进了一番。第二次点火后，小船居然航行到了湖的对岸。那一刻，朋友看到根敦群培脸上溢出难得的轻松与喜悦——这种简单的快乐是他此后多年都没有再体会过的。

根敦群培制作机械玩具的行为让整日埋首经卷的高僧们感到无法理解，再加上他时不时向拉卜楞寺的经典教材发起挑战，很快便受到了全寺的集体孤立。此时的根敦群培倒也坦然，不像初进寺门时那样对格西学位如此上心。在拉卜楞寺的六年时光早已让他看清凡尘俗世的本质，对他这种向往心中广大世界的学者而言，权贵身份不过是一块加之于思想的沉重枷锁。若让他做一个没有生活趣味与挑战精神的格西，他是万万不愿意的。

"你想好未来的道路了吗，根敦群培？"辩经考试结束不久，益嘉降央问他。在拉卜楞寺，这两个辩才超群的人既是对手，也是知音。

"这里已经容不下我了，我也不想在这里成为一段腐朽的木头，枝头永远长不出春天。"说这话时，根敦群培的眼中闪着笃定的光芒。他想起自己曾写下的，吐露渴望远行心声的诗句，便动情地念诵起来：

蓬勃的欲望在烈火中滋长，
把不愿持守的戒抛入灰烬，
想到什么就尽情地去做吧，
像疯子似的在世界上流浪！

同样桀骜的益嘉降央听了这首诗，不免暗赞根敦群培的豪气。他忍不住说道："我也打算离开这里！让我们去一个真正认可我们的世界吧！"

两只尚且稚嫩的手紧握在一处，仿佛世间一切，都尽在他们手中。

1927年3月，根敦群培与益嘉降央一齐离开了拉卜楞寺。

回顾这六年求学生涯，拉卜楞寺留给根敦群培的自然不只是沉闷与打压。这里高僧云集，学经制度严密，学风良好，他在此接受了佛学和因明学的严格训练。此时的根敦群培不仅巩固了在底察寺学到的佛学和因明学知识，而且新掌握了藏传因明学的基本理论，在闻、思、修三方面都有不小收获。可以说，他对佛学的理解又上了一个新台阶。最重要的是，他继承拉卜楞寺的辩经传统，将藏传因明学理论付诸辩经实践，只身舌战群僧，成长为一位杰出的雄辩家，这将是他未来行游天下最让世人印象深刻的一个身份。

恰白·次旦平措谈到根敦群培在拉卜楞寺学经的经历时说："他与一般学僧的学经方法不同，他不像别人那样只是重复旧有的说法，如瞎子摸象般只求一知半解，他对因明学的思想做到了彻底理解和正确掌握，对各方面的知识都有自己的思考和出色的分析，形成自己独到的见解……"的确，拉卜楞寺的求学经历强化了根敦群培的叛逆性格。他在此不迷信权威，不盲从经典和教规，以年轻学僧独到的发展眼光来看待佛教，甚至一度对被拉卜楞寺奉为经典的教材——历代嘉木样对五部大论的注疏——发起挑战。外人讥其离经叛道，他却深知这是通往真理的唯一途径。

在这里，他那些后来引得整个西藏佛学界争论不休的、与传统相悖的佛学观和人文思想，渐渐从萌芽生长为小苗，直待十几年后成为谁也无法仅用讥讽就能撼动的参天大树。

在这里，他还结识了在夏河传教的美国基督教牧师格雷贝娄，初次接触到基督教。当时，大部分佛教学者都是"闭门造车"，仅仅研究佛教本身的思想源流。而根敦群培却有了研究佛教的参照系：基督教。他的视野一下开阔起来，研究方向也不再局限于一种宗教。在向格雷贝娄学习英语的过程中，他仿佛打开了一扇了解西方现代文明的窗户。尤其是在造机械船之类的科技活动中，他对现代文明和科技知识产生了更加浓烈而持久的兴趣……这一系列收获都对根敦群培未来的启蒙思想与学术成就产生了极为深远的影响。

根敦群培离开拉卜楞寺后，回到阔别已久的双朋西，在亚马扎西齐寺住了十个月。这段时间里，他一边享受着与亲人相聚的时光，一边筹划着接下来的旅程。是的，拉卜楞寺不是他的终点，家乡也不是他的归宿。他的征程，才刚刚开始。

尽管亲人和寺僧竭力挽留，但十个月后，根敦群培还是决定再次出发。他骄傲地声称："作为一只布谷鸟，留在乌鸦当中有什么用？"随后，他从热贡启程，向北前往塔尔寺，在那里住了一段时间。待到第二年年初，根敦群培遇上一支行旅商队，他们打算穿越羌塘前往拉萨，对拉萨神往已久的根敦群培便加入了他们。

1928年3月6日，天刚微亮，根敦群培便和商队匆匆启程。对圣城的期待鼓舞着根敦群培，让他既兴奋又紧张。但这趟朝圣之旅注定不会轻松，羌塘被称为"世界屋脊的屋脊"，平均海拔近5000米，幅员辽阔而苍凉。他们一行两百多人准备了充足的食物和御寒的衣服，为的就是能够经受住即将来临的严苛考验。

骑行整整五天后，他们一行人到达了可可诺尔湖[①]。遥遥望去，湖中似有一座小岛，岛上还耸立着一座突兀的小山。根敦群培想起那则古老的传说：公元8世纪时，莲花生大师将此山从印度搬运而来，他一路翻越巍峨的喜马拉雅山，只为以此为源点，在西藏建立"宁玛派"。

[①]可可诺尔湖：即青海湖，这是蒙古语的称呼。

这座岛屿确实奇妙，大自然赐予它充盈的湖水和丰富的绿植。蓝色湖水轻轻拍打湖岸，让这里的景色更加迷人。这里的宗教气氛也十分奇特，令根敦群培感到兴奋，他觉得："涅槃的安宁也延伸到了这座岛上。"尽管这附近是消夏避暑的胜地，可是岛上的隐修者只在冬季到来，湖上结着厚厚的冰，足以承受人们行走。他们走过冰面，到岸上设法获得生活必需品，以供全年的简单给养。岛上有几只山羊，是为了挤奶而饲养的。

面对这祥和的景致，根敦群培默念道："青海湖中这个高峻而多山的岛屿，我总是在自己的灵魂中守卫着你，在沉默宁静的威严中休息。你是陌生的祝福，因为无论过去和将来，我决不会感受到'菩萨'还会以某种真实的面目出现。"

景色虽美，但旅人却无法停留。几天后，他们到达了盐湖察措。湖中大量晶体状态的盐浮在水面，带来了长期的声势浩大的食盐开采活动。一座重要的城市在这里发展起来，取名为"柴达木"。人们用骆驼和牦牛将食盐驮往西藏和中原地区销售，根敦群培惊讶于他们使用的驮畜的数量是如此巨大，如盐巴洒落一地。他据此推断："食盐的开采必是有利可图的。"

也是在这里，他们开始了最艰难的一段旅程。在长达十天的行程中，他们一直在一道狭窄的山谷中穿行，有三天连水的影子都看不见。但这些商旅早已习惯了各种险恶的环境，他们以唱歌的方式来鼓舞士气，根敦群培也被他们的热情感染，甚至把喉咙都唱哑了，这响彻山间的歌声让他们一步步走出了险境。

最艰难的路程眼看就要结束了，第十天，他们到达了一片一望无垠的开阔地，这便是羌塘沙漠。在这片无垠的荒地上，红沙和砾石中看不见动物的踪迹，也听不见鸟鸣。沙漠里只有寒冷和岩石，陡峭的山峰环绕着这片荒土。这里的气温极低，即使在夏季，沙漠地带也经常下雪。

根敦群培惊讶地发现：羌塘沙漠中居然流淌着黑色的河流，原来那是上游流水裹挟污泥造成的。这"黑河"水面宽阔，水流湍急，不仅只能骑马穿过，而且还得冒着被河中泥沙冲走的危险。正是在这条"黑河"中，他们为穿越沙漠付出了最惨痛的代价。有两个人从马背上坠下，还没来得及等其他人展开救援，他们就已经被冲走了。

除了恐怖的黑河，沙漠中的间歇温泉也不时在威胁着他们的安全。所以，一旦发现绿洲，他们便会赶紧停下来歇息。可是，这里往往没有任何生命的迹象——尽管绿洲地带有供驮畜吃的新鲜牧草，还有供旅行者饮用的清水，但沙漠上依然死寂一片。虽然他们的队伍人员众多，声势浩大，但行走在这片苍凉的土地上，根敦群培仍然不时感到一种"孤独的压抑感"。于是，不少人开始提高嗓门说话，用自己"天生的本领"来壮胆和鼓劲。

相反，在夜里他们会感到安心一些，因为旅途辛劳的犒赏是漫天繁星！这是只有沙漠中才有的星星，其他任何地方都没有这么大、这么亮的星星！根敦群培也是第一次见到漫天星光直透心底，照亮了每个旅人的灵魂——那种震撼令他终身难以忘怀。那是羌塘红沙的灵魂，那是世间万物的灵魂，它们从此驻足于每个旅人的心底，缓缓诉说着涅槃低语。这一刻，沙漠中的所有灵魂被彻底释放，也包括年仅25岁的根敦群培。

有惊无险，经过长达一个月的艰难跋涉，他们终于成功地穿越沙漠，到达了那曲寺。这里是西藏的北部边境，他们在此休整了近一个月，同时等待西藏政府批准他们继续赶路。

在这里，根敦群培遭受了他整个旅途中的唯一一次损失。在一个漆黑的夜晚，他的驮畜被强盗偷走了。后来，他很快用其他驮畜来替换——这要多亏他挚爱的母亲和姐姐的慷慨相助：从热贡出发时，她们送了几匹驮骡给他随行，以防在旅途中遭遇不测。

终于，经过漫长而艰难的旅途，7月时，他们来到了每个藏族人心中的圣地——拉萨。

初临·艺心

到了拉萨，八廓街是肯定要去的。踏着千年前手工打磨的石板路，绕着大昭寺顺时针走一圈，看看虔诚的百姓转经，感受仓央嘉措当年来此的情怀……

然而，当1928年7月根敦群培初到这里时，他并没有这样的闲情逸致。他历经磨难终于来到圣城拉萨，本该直赴众贤云集的哲蚌寺，却苦于没有高僧的引荐，问路无门。身无长物的他只能暂时寄居在一个名叫贡觉诺布的商人家中，走一步看一步。

在贡觉诺布家，根敦群培虽为生计与学经生涯而忧愁，但闲暇时，他也对拉萨繁华的市井生活产生了浓厚的兴趣。用现在的话来说，贡觉诺布家做的是"进出口贸易"，同他打交道的通常是来自印度和尼泊尔的商人，他们带来的异乡见闻让根敦群培很是憧憬。

贡觉诺布家的仓库里堆满了羊毛纺品，这些都是南亚商人所热衷的商品。他还从印度引进了一些素色罗纱，这些罗纱并不贵，贡觉诺布也从不在市场上售卖，而是把它们卖给寺院——那里通常需要大量罗纱用于装饰。

"你打哪儿来？"来贡觉诺布店里采购的一个僧人注意到这个新来的年轻人。

"我来自金色山谷——热贡。"根敦群培不卑不亢地回答。

"噢，你们那里的唐卡不错！你是来拉萨卖画的吧？"僧人随口说道。

"不，"根敦群培一字一顿地回答，"我是来哲蚌寺学经的。"

"哈哈，我也想进哲蚌寺呢！"作为藏传佛教当时最大的寺庙，人人都以进入哲蚌寺学经为最高荣耀，僧人显然对根敦群培的"不自量力"很是轻蔑。

根敦群培深吸了两口气，想道："我干吗要和他争辩呢？徒乱心神。"于是，他双手合十作礼，转身离去。望着他清瘦却坚定的背影，那个僧人有些后悔刚才的唐突。

根敦群培本想通过贡觉诺布的生意关系试着敲开哲蚌寺的大门，但这个方法成功率不高，也为人所不齿。加上刚才那位僧人的嘲笑，他更是彻底放弃了这样的念头。

说起来，贡觉诺布的生意确实很好，他常常需要从早忙到晚，并且一刻不停地和各种各样的人打交道。和他做过生意的人都说："贡觉诺布是一个深谙世故的人，待人接物很有一套。"贡觉诺布的确是个精明的商人，而且对大众的喜好掌握得十分精准。当地人都说：要想知道哪些商品是抢手货，只要往贡觉诺布店铺最显眼的货架上一看就知道了。这一点让对财富不甚热衷的根敦群培也很是佩服。

除此之外，贡觉诺布的交际手腕也十分了得。他几乎只需要一眼就能看出走进店铺的人有哪些喜好，这也许归因于他比别人多了些观察和总结的能力。无论是谁来到他的店里，到最后都能心满意足。贡觉诺布向根敦群培透露：他的秘诀就是让人忘记他是个追求利润的商人，而把他当成一个真诚而公道的邻居。

贡觉诺布觉得这些不算什么，这是自己的生存本能，更是菩萨的庇佑。他从来都是一个虔诚的礼佛者，对寺院的供养一向丰厚。而且，现在他的家里就供养着一位来自安多的年轻僧人。说起这个僧人，贡觉诺布觉得他与其他僧人很是不同。第一次见到这个年轻的僧人时，贡觉诺布就觉得他将来一定能成为一位智慧通达的大格西。只是贡觉诺布也在思考：如何才能让根敦群培进入哲蚌寺学经呢？这个身无分文的年轻僧人，在这里可是没有任何人可以依靠的啊。

不过没过多久，贡觉诺布就发现自己的担心是多余的，因为根敦群培有一门在拉萨很吃香的手艺——绘画。根敦群培生于唐卡艺术之乡热贡，从小不仅耳濡目染，也系统地学习过绘画技巧。得知根敦群培擅长绘画，贡觉诺布便请他给帕邦喀寺的德钦宁波活佛画一幅肖像。

虽然卖画生计让根敦群培颇为不甘，但面对生存的压力，他只能暂时放下心中的高傲。他随贡觉诺布一同来到帕邦喀活佛住处，准备为活佛画像。根敦群培多年学经，绘画技艺虽然生疏，但底子还在。动笔前，他先在玻璃片上用油灯烧出黑烟灰，然后把黑烟灰和猪油调制成一种黑墨，用这种黑墨作画，画出的形象如同黑白照片，十分逼真。

帕邦喀活佛见这小画师模样虽清瘦，但眼中有神，尤其当他手起笔落，自由游走于画布之上，更是神采飞扬。只半天工夫，一幅几乎与活佛一模一样的肖像便完成了。帕邦喀活佛对根敦群培的技艺大为赞扬，说他手下有神，天分甚高。但久经世事的活佛突然担心这幅逼真的肖像会引起当时具有最高权威又十分敏感的十三世达赖喇嘛的责难。因此，他谨慎地请根敦群培画一幅更大的达赖喇嘛画像。根敦群培倒也聪明，为这些宗教首领作画，说不定是他进入哲蚌寺的捷径，当即答应下来。这幅达赖喇嘛画像，他用上了十成功力，画像较帕邦喀活佛的画像更胜一筹，这让十三世达赖喇嘛也很高兴。

根敦群培的精湛画艺让帕邦喀活佛对他产生了兴趣，几次交谈后，他发现这个安多僧不仅是一位好画师，更是一个博学的僧人，对其越发赞赏。帕邦喀活佛的佛学造诣和崇高声望也受到根敦群培的尊敬。一来二去，根敦群培不仅在拉萨斩获艺名，收获一大批贵族拥趸，也为自己进入朝思暮想的哲蚌寺铺平了道路。

听从贡觉诺布的建议，以画技绕道求法本是无奈之举，但根敦群培对此依然感恩在心。时隔多年，他依然与当初收留他的贡觉诺布一家保持着联系。关于这段逸事，贡觉诺布的三儿子丹增钦热曾回忆道："我父亲原来也替帕邦喀活佛做生意，帕邦喀活佛是他的根本上师。帕邦喀活佛的肖像和十三世达赖喇嘛的肖像画……是黑白画，跟照片一样。直到1951年根敦群培去世为止，我们家都与根敦群培保持着往来关系。"

绘画虽然不是根敦群培毕生的唯一追求，但他扎实且富于变化的画艺成为其动荡一生的最好见证。

早年在安多，根敦群培就开始以传统藏画手法和风格作画，在印度期间以及返藏之后，他也画过一些传统唐卡。旅居印度时，那里的藏族人就把他当成一位职业唐卡画师。当时有一位来自西藏扎雅县的女商人——卓玛央宗，根敦群培曾长期住在她家，她的女儿拉措回忆道："大家称根敦群培为鲁本拉赤巴，我们家的佛龛里还一直供奉着一幅根敦群培画的财神唐卡。"[1]

根敦群培的唐卡作品现存的只有几幅，如米拉日巴像、度母像等。米拉日巴画像绘制在普通的卡其布上，画布四边留下了唐卡画布制作时常见的缝线针眼。画面用色淡而少，主要采用线描和晕染结合的技法绘制而成。画面上米拉日巴的形象刻画得栩栩如生，周围的山石、花草、动物也显得生动自然。可以看出，这幅画所采用的构图、技法等都遵循了传统唐卡的绘制规律。

让我们惊讶的是，钟爱独创的根敦群培并未在这些唐卡作品中对传统唐卡画法进行较大程度的改革。学者分析主要有两方面原因：其一，根敦群培对藏传佛教艺术、南亚佛教艺术有着深刻的了解，在绘制唐卡时他偏爱传统技法，以此保证传统热贡唐卡独有的艺术韵味。其二，他多年生活困窘，尤其是旅居南亚的十二年，常常靠卖画度日，为了迎合购画者的品位，他必须压抑自己的创作冲动，按传统风格绘制唐卡。

从安多来到拉萨以后，出于生存的需要，根敦群培的画风有所转变。他开始以写实主义风格绘制肖像画和其他题材的作品，囊让更顿索巴（一位与根敦群培同在哲蚌寺的安多僧人）回忆道："根敦群培在他的僧舍里画了很多画，有戏耍的小猫，飞翔的小鸟，满身皱纹、筋骨外露的比丘……他有时候画一些唐卡，有时候画一些其他的画。偶尔也跟我们这些小喇嘛一起玩耍、聊天……他画得比照相还要好，贵族、少爷、小姐请他按他们的要求画自己的肖像，他能把他们的缺陷弥补，使他们很高兴，便给他很好的酬金……大部分画的是黑白画，画的这些鸟是彩色的。"[2]

---

[1]克尔提活佛洛桑丹增：《更敦群培论述集》，印度：齐巴扎仓，2003年版，第300页。
[2]同上，第181页。

根据这些记载，我们可以了解根敦群培在拉萨时不仅绘制传统唐卡，也画写实风格的人物肖像和鸟兽等绘画作品。他画的肖像多是黑白画像，当时在拉萨已经出现了照相馆，不少人喜欢到照相馆拍照，囊让更顿索巴还回忆道，"根敦群培白天画照片或画一些别的画"，所以，根敦群培当时很可能是照着照片绘制这些肖像的。

几年后，应印度学者罗睺罗的邀请，根敦群培离藏赴印，沿途考察了许多著名的佛教圣地。每到一处，根敦群培都要写生绘图。在热振寺，他临摹了一部分古印度的绘画。罗睺罗在日记中写道："一见到唐卡，格西（指根敦群培）就兴奋起来。这是来自印度的艺术家的作品，也可能是从印度带到西藏的。他很想马上用木炭画将其临摹下来，并为各种色彩做编号索引，然而包围这座宝藏的这些蛇——阴险毒辣的人却加以阻止。"在尼泊尔，根敦群培和罗睺罗住在特里拉德纳·曼家里，"根敦群培一有空就雕刻佛像，在他居住的那间屋子的墙上，还能见到三幅佛陀浮雕像，这是采用西藏的传统风格雕刻而成的"。[1]

根敦群培在绘画上十分强调个人感受，这超出了传统藏画家严格遵度循经的基本要求。多年后当他与画家安多强巴成为莫逆之交时，根敦群培对他说："只要你根据对描绘对象的第一印象作画，你就会画得很像。"他的这个观点，与印象派的观点很相似——印象派强调艺术家对大自然瞬间印象的描绘。根敦群培的这一思想可能是受了画家坎瓦·克日西那的影响。坎瓦·克日西那第一次在西藏旅行时，正在用印象派的风格作画，根敦群培曾向他请教过关于印象派风格的许多问题，受益颇多。

根敦群培漂泊的一生正是他不拘泥于一种绘画样式的现实根源。他既掌握了传统藏画的技法和精神内涵，又能熟练运用西方写实主义风格的素描、水彩画等技巧，同时还有一些作品受到古印度佛教美术的影响。这些都让他成为西藏美术史上一个无法复制的传奇。

---

[1]［法］海德·斯多达：《安多的托钵僧》，巴黎第十大学人类学研究会，1985年版，第171页。

论敌·勘破

根敦群培在拉萨以画艺扬名,一时间向他求画的贵族络绎不绝,这让他不再担心生存的问题。但是,根敦群培历尽万难来到这个佛教圣地,目的不是扬名立万,而是深造佛学。没过多久,他便放弃世俗生活,在几位活佛的引荐下,进入格鲁派的最高学府哲蚌寺学经。

哲蚌寺乃格鲁派六大寺庙之一,与甘丹寺、色拉寺合称拉萨三大寺。哲蚌寺规模宏大,鳞次栉比的白色建筑群依山铺满山坡,远望好似巨大的米堆,故名哲蚌[①]。初到哲蚌寺,根敦群培被宏大的寺庙结构震慑住了。结构严密、殿宇相接、群楼层叠的哲蚌寺,以落院、经堂和佛殿形成由大门到佛殿逐层升高的格局,突出了佛殿的尊贵地位。其中,规模宏大、雄奇庄严的措钦大殿,错落有致;不拘一格的德阳扎仓,厚重古朴;布局严密的阿巴扎仓,森严耸立;富丽堂皇的甘丹颇章等都是西藏大型建筑的代表。建筑外部采用了金顶、法轮、宝幢、八宝等佛教题材加以装饰,增强了庄严气氛,使建筑整体上显得宏伟壮观。

望着眼前这座令人朝思暮想的宏大寺院,他知道:历尽艰辛后,他离自己心中的圆满,又近了一步。

按照传统惯例,安多的学僧都住在果莽扎仓鲁本康村,根敦群培也不例外。扎仓既是格鲁派寺院的学经单位,也是措钦大殿以下的一级管理机构,其建筑仅次于措钦大殿。扎仓的建筑基本可分为两个部分,一是该扎仓僧人

[①]哲蚌寺:"哲蚌"的藏语意为"米聚",象征繁荣。哲蚌寺藏文全称意为"吉祥积米十方尊胜洲"。

聚集的大经堂，一是各佛殿。扎仓下面是康村，如果说寺院是一所综合大学，那么扎仓相当于系，康村相当于班级，米村就相当于小组。

根敦群培了解到，如今学僧云集的哲蚌寺建成初期只有七个扎仓，分别由绛央曲结的七大弟子主持。后来，各地来寺的僧人不断增多，就根据僧人学经内容和籍贯合并成了罗赛林、果莽、德阳和阿巴四大扎仓，阿巴为密宗扎仓。

初到哲蚌寺，年轻的根敦群培并未感到有所不适，这当然也有果莽扎仓的学经制度与拉卜楞寺闻思学院类似的缘故，毕竟他们都以一世嘉木样为宗师。所谓"果莽学派"，正是由拉卜楞寺闻思学院与哲蚌寺果莽扎仓共同构成的。

这对根敦群培在哲蚌寺的学经生涯产生了两方面的影响：一是寺院学习一脉相承，他在哲蚌寺学习得驾轻就熟，如鱼得水；二是他延续了自己在拉卜楞寺"离经叛道"的风格，继续向反映嘉木样佛学观的"教材"发起挑战，动摇了果莽扎仓的经典教材的权威地位，成为哲蚌寺的叛逆学僧。当然，在哲蚌寺学经近七年，根敦群培自己的思想也深受"果莽学派"影响。

由于根敦群培已在拉卜楞寺完成了因明学的初级学习，所以他到哲蚌寺后，就直接进入了为期四年的《释量论》班级学习。他要先从一年级学起，学完《释量论》后，接着学习两年的《中论》。至此，他才算学完格鲁派学僧十三级课程中的十一级。

"你们听说没有？果莽扎仓来了一个雄辩的安多僧！"

"听说了！不过他的观点很是偏激，还经常批驳我们的教材！"

"我也听说了，他之前就是因为这个被赶出拉卜楞寺的。"

根敦群培自进入哲蚌寺果莽扎仓起，便作为无敌的雄辩者被人议论纷纷。他在拉卜楞寺早已经历过这一切，如今只是报以微笑，并不在意。优秀的人总是自信的，根敦群培在自己的学经班级中一直是第一名。在一年一度的"班级对辩"中，他总是表现得非常出色。在与高班级的喇嘛辩论时，他也经常获胜。据班次比根敦群培高的格西阿旺尼玛说，在前三年的《释量论》学习班中，根敦群培占很大的优势，甚至超过了年纪最大的喇嘛。

进入哲蚌寺学经的第四年，更加游刃有余的根敦群培越发玩世不恭。他自己也承认："在哲蚌寺期间并没有认真读书，为了饭食给人画过各种像，不过没有画过佛像。"

这一年，二十八岁的根敦群培在学术上已经小有所成，寺院里的正常教学已经无法激发他的热情。只有在辩论场上，他才能自然而然地燃起斗志，忍不住与对手"嬉戏"。他常在辩论中"耍花招"——为了证明某件不能接受的事物，他总是设法转移辩论的主题。在果莽扎仓的一次辩经法会上，当同班学僧就《释量论》这一主题展开"班级对辩"时，根敦群培又按捺不住，想要为难一下立宗者了。

当时，主持法会的格西是德高望重的蒙古族学者维色多杰，他应九世班禅的邀请到西藏，后被十三世达赖喇嘛任命为果莽扎仓的堪布①。这一天，轮到蒙古族喇嘛阿旺勒丹做立宗者——这位精明能干的僧人后来也成了果莽扎仓的堪布。阿旺勒丹坐在立宗者的位置上，提出自己的论点。就在人们思前想后寻找破绽时，根敦群培却已经大咧咧地从鲁本康村的喇嘛队列中站了起来说："你准备好了吗？"根敦群培没有一上来就驳斥阿旺勒丹，而是以强者体恤弱者的姿态给了他一个下马威。

根敦群培的辩才让阿旺勒丹颇为忌惮，他凝神屏气，几乎是一字一顿地回答："准备好了！"

话音刚落，根敦群培便开始连珠炮般发起诘问。阿旺勒丹不料他看似随意的语气下，却是无比严密的逻辑，一时招架不住，几个来回后竟被呛得无法作答。惊惶间，阿旺勒丹草率地下了一个众人皆知的伪命题："你恒常地禅定就能获得罗汉的本性。"在座的僧人一听他说这话，便知他败了。

这时，堪布维色多杰在自己的座位上哈哈大笑，对这名热贡"浪荡僧"的表现非常满意，会后特意留下来与根敦群培畅谈许久。

根敦群培的辩才同时也引起了著名爱国主义学者、佛学大师喜饶嘉措的注意。喜饶嘉措虽是正统的佛教徒，但十三世达赖喇嘛认为他离经叛道，因

---

①堪布：原为藏传佛教中的主持受戒者，相当于汉传佛教中的方丈，后来扎仓主持者亦称作堪布。担任堪布的僧人多为获得拉让巴格西学位的高僧。

为他在十三世达赖喇嘛任命下编订拉萨版《甘珠尔》①时，居然修改了一些经文。据一些有学问的喇嘛说，喜饶嘉措的修订是无可非议的，因为旧经确实存在明显的错误。但是，十三世达赖喇嘛得知喜饶嘉措修订了《甘珠尔》之后，大发雷霆。如果不是有高级僧侣为其求情，达赖喇嘛会为此处死他，因为在十三世达赖喇嘛看来，经典是不能修改的，修改了就是大逆不道。

根敦群培与喜饶嘉措都是极富个性的人物，根敦群培并非喜饶嘉措大师的崇拜者，他经常在课堂上对喜饶嘉措大师嘲讽、发难。而作为西藏一流学者的喜饶嘉措大师，性格刚烈，潇洒不羁，能言善辩，也不会轻易屈服于根敦群培的挑战。于是，安静的课堂，常常成为他们师徒进行激烈论战的辩论场。

根敦群培后来追述道："尽管喜饶嘉措大师装着给我教书，但他教不了我什么，我反驳他提出的任何观点，我们之间常常发生辩论，为此，他从来不叫我的名字，而直呼我为'疯子'。"虽然如此，两人还是结下了深厚的情谊。根敦群培与喜饶嘉措大师之间，亦师亦友，亦是论敌。二人都是热贡地方走出来的智慧大德，身世相类，秉性相当，尽管见解不尽相同，却也有英雄惜英雄的善意。后来，喜饶嘉措大师还为根敦群培写了《根敦群培传略》，详细记录了根敦群培在哲蚌寺学经时的经历。

在藏族传统学术方面，喜饶嘉措大师对根敦群培的影响颇深。根敦群培到拉萨时，经过近十五年的家庭教育和寺院教育，已具有深厚的传统藏学功底，但比起当时德高望重的喜饶嘉措大师仍略逊一筹。并且，在格鲁派最高学府哲蚌寺，高僧大德云集——这也是根敦群培远离安多家乡，赴藏入哲蚌寺深造的主要原因之一。尽管根敦群培在学经的后期没有专心致志地修习佛法，但是，由喜饶嘉措等佛学大师主持的主要教学活动和辩经法会他几乎都参加了。二人在哲蚌寺都住在鲁本康村，上师住楼上，弟子住楼下，共同生活和修习近七年。正是这七年的相互学习与修习，使根敦群培的传统藏学基础更加扎实，并最终成为通晓"五明"的大学者。

---

①《甘珠尔》："甘珠尔"意译为教敕译典，也称正藏译典，是西藏所编有关佛陀教法的总集。

在哲蚌寺修习期间,根敦群培虽然已经掌握了丰富的佛学知识,但他认定自己尚未达到心中所求的高度,他始终怀着强烈的求知欲望,去寻觅新的真理,这真理,当然不只在佛教典籍上。不过,根敦群培在哲蚌寺的求知之路并不顺畅,由于他性格耿直爽快,对任何问题总喜欢直言不讳地阐述看法,并利用渊博的知识和犀利的口才与一些获得格西学位的高僧进行辩论,又常常击败对手,故不免被寺院里一些小人攻击。这从他写给拉卜楞寺僧友的一首嵌字长诗中就可看出。

> 我已经沦落到背井离乡,
> 却还有几个"故交"在背后议论,
> 说我是因为傲慢猖狂,
> 才被乃穷①赤烈杰布护法神所驱逐;
> 护法神,您若公允,
> 怎能容忍这些昏庸的教徒,
> 还让他们四处云游,做牛羊茶酒生意?
> 这些僧人将禅裙倒穿,犹如多罗叶,
> 手里则拿着骇人的铁器加格赤②,
> 他们才应该被放逐他乡!
> 但从去年到现在,
> 他们的数量不少反增。
> 有人说我对佛法不虔,
> 所以才被放逐,
> 那为何不放逐黄牛、鸟雀、昆虫等冥顽畜生?
> 杂杜尔、曲丹、乃穷诸神,
> 为何毫无缘由地赶走四季苦习佛经之人?

---

①乃穷:又写作"乃琼"。
②加格赤:行茶僧所持的一种铁器。行茶僧又称"浪子喇嘛",常常赤膊、垢面、蓄发,无视戒规,好斗。

> 那些穿着奢华或饮食低劣的叛教者，
> 在世人眼中大有不同，
> 在佛陀眼中却无差异。
> 当你们赶走一个通晓堆查①的"傲慢者"，
> 那这里迟早有一天，
> 会住满经营屠杀生意的"富翁"。
> 我的格西僧友们，
> 是非曲直请自度！

在这篇诗文里，根敦群培用幽默诙谐的语言淋漓尽致地刻画了一帮披着佛门外衣，专搞违背佛教戒规勾当的昏庸教徒的嘴脸，并表明了自己求法问道的诚意。

在根敦群培又一次对嘉木样经典教材提出质疑后，几位蒙古学僧终于受不了了，他们将根敦群培痛打了一顿。即便如此，根敦群培还是没有放弃在辩论场上施展抱负。有一次，他来到辩经场上，直接挑战闻思学院的大堪布。经过一阵激烈的唇枪舌剑，大堪布竟无言以答，只得低下头来认输。

根敦群培好学执着，但从来不追求"虚名头衔"。他认为一个真正的学者，不需要用"学位"等头衔来粉饰装点。他说："如果精通显密经典的内容，就应该把佛教的义理，实践于日常生活的善恶取舍之上，追求'格西'之虚名，又有何益？"他坚信：黄金即便埋在土中，光芒也终会射向天空。

临近拉萨祈愿大法会的时候，根敦群培思前想后，最终还是决定放弃参加考取格西学位的机会。也许离经叛道真是他的宿命，那些把陈旧颂扬成神旨、将新颖说成是妖魔、认为奇迹是凶兆的传统，他实在无法认同。那个在文殊冬季法会上，在众位大德讲论佛法的清越鼓声中，声音最为响亮的安多僧人，他怀着学业上的疑惑来到哲蚌寺，却并没有在这里实现他的终极梦想。

---

①堆查：法相学的基础理论、释量论。

桀骜·猛虎

要全面而准确地认识根敦群培，就不能不对他的个性、人格进行鞭辟入里的剖析。穿越近一个世纪的历史尘烟望去，根敦群培的状貌早已变得模糊，但他桀骜而孤单的剪影却愈发清晰。当然，仅有剪影是不够的，且让我们从尘封的史料中去伪存真，好好数一数这只"林中猛虎"的条条斑纹。

曾与根敦群培有过交集的人——不论高僧大德，抑或凡俗庸众，皆惊讶于他的坦诚和直白。的确，根敦群培的人格即以"真实"为最重要的底色。"人格"一词起源于拉丁文的"面具"，但人格除了是一个人在生活舞台上所演出的行为，还应包括他面具下的真实自我。有趣的是，根敦群培似乎从未主动为自己佩戴过任何面具，他在个人生活舞台上所演出的一切，都源自其真实的自我。面对权贵不谄媚，面对平民不倨傲，一言一行皆出自本心，这就是根敦群培的行事之道。这是他的许多行为在当时不能被常人理解的原因，也是他在今天仍被我们缅怀与尊崇的理由。

根敦群培的尼泊尔朋友特里拉德纳·曼在谈到他时说："这是一位直率的人，他从不隐瞒自己的好恶。有时他很懊丧，有时他又大谈宗教，但是大多数时间他都和我开玩笑、闲聊。与此同时，他不停地抽烟，他的手指上随处可见尼古丁的斑点。"根敦群培的生活方式很简朴，他对一切舒适的物质生活都不感兴趣，这是他在幼年时代形成的传统——他反对寺院生活的刻板。赤江活佛也对根敦群培表示敬意，他说："他不骄傲自满，却充满着智慧。

他谈吐坦诚，从不发表虚伪的见解。"①

根敦群培开朗直率，为人真诚，保持了藏民族的传统美德。他疾恶如仇，平生最憎恨虚伪狡诈、心胸狭窄、嫉贤妒能的人。他所写的许多类似打油诗的"嵌字诗"，都对这类僧人和贵族进行了无情的嘲讽和鞭挞。根敦群培治学旨在"求真"，要达到这个目的，首先必须"是一个真正的人"，因而他做人也"较真"。这正是根敦群培能够成为一代传奇高僧的根本原因。

关于根敦群培率真性格的形成，地域是重要原因之一。西藏人口稀少，各个聚集区之间距离遥远，从而加剧了个人主义和个体化，有人说："每个山谷都有自己的喇嘛，谷后的每个山口都有一种不同的宗教。"也就是说，不同地区的藏族百姓具有不同的性格特征，即所谓的"安多人勤劳，康巴人勇敢，卫藏②人精明"。根敦群培是安多人，在拉萨，他感受到了不同宗教群体之间存在的差异。他坦率的谈吐和直截了当的行事方式或是一些天真单纯，使他同"精明的"卫藏居民区别开来。卫藏人万不得已才去安多，而安多人则渴望到卫藏去朝佛。大多数安多人到了拉萨之后，腰袋里都有一根金条或几件贵重物品，却故意露出一副穷酸相，这就使他们获得了"乞丐"的绰号，有时甚至成为这座圣城的一部分居民的攻击目标。作为居住在拉萨的安多人，根敦群培对地区差异非常敏感，但这并没有影响他的率真个性，反而激发了他对西藏历史的浓厚兴趣。

求真让根敦群培憎恶虚假，因此蔑视权贵也成了根敦群培的主要性格特征之一。在这一点上，他与德国哲学家尼采有相似之处。尼采说："权势是邪恶的。""人们在权势欲的眈视下，将匍匐得比蛇和猪还要低。"当根敦群培住在大昭寺附近时，索康曾邀请他去做客，这位噶伦仰慕他的画名，便请他画一样东西："画什么都行！"根敦群培笑着先画了一个圆圈，然后用

---

① [法]海德·斯多达：《安多的托钵僧》，巴黎第十大学人类学研究会，1985年版，第289~292页。
② 卫藏：藏族聚居区按方言可分为卫藏、康巴、安多三个部分。以拉萨为中心向西辐射的高原大部叫"卫藏"。

几条线勾了一幅草图。索康等他画成之后一看：竟然是一头驴！根敦群培借此讽刺"穿着黄色锦缎的贵族们"是藏政府中没有一点儿善心的人。

根敦群培对贵族扎萨阿旺坚赞也很反感。一天，阿旺坚赞带着四瓶威士忌来看望他，到大门口，他开始叩拜，通常都是叩拜三次，而根敦群培却要他叩拜一百次，当他叩拜了二十多次之后，根敦群培让他停下来，并对他说："够了，你进来向我的双脚致敬，你不值得对我的踝骨以上的部位行礼。"最后，这位扎萨按照根敦群培指定的姿势行礼，才达到了让他接受一瓶威士忌的目的。上述说法是否确实我们不得而知，却从一个侧面反映了根敦群培的离经叛道和蔑视权贵的个性。

除了率真，智慧也是根敦群培身上最为突出的特点之一。

智慧、天才虽然不是个性的直接表现，却是构筑人格的重要基石。智慧予人冷静，天才给人张狂，这正是根敦群培执着与叛逆性格的根源之一。根敦群培对自己的评价是："我本人亦并非轻信人言、毫无主见的蠢人，而是一个天资聪颖、一生勤奋学习的贫穷的智者。"[1]索康·旺钦格勒同意他关于"智者"的论断："在根敦群培所从事的各项活动中，他都是耀眼夺目的人物。无论何种文献，他只需要学习或阅读一遍，一下子就能抓住问题的实质。"[2]

日本学者久生木村在谈到根敦群培时说："这是一位在本民族中被毁灭的天才。假如他出生在一个贵族家庭，他会成为一名狡猾而奸诈的政客。但是他不是那种人。"[3]印度学者罗睺罗也把根敦群培视为非凡人物，根敦群培去世后，有几个藏族人曾到噶伦堡的罗睺罗家中，恳求他提供根敦群培生前撰

---

[1] 根敦群培著，格桑曲批译：《印度诸圣地旅游纪实》，载于《根敦群培文论精选》，北京：中国藏学出版社，2012年版，第161页。"根敦群培"又译作"更敦群培""根敦琼培""更登群培"等，正文当中统一采用"根敦群培"的译法，注释中保留所引用报刊文章或专著本身的用法。《印度诸圣地旅游纪实》又译作《印度圣地朝圣指南》。

[2] ［法］海德·斯多达：《安多的托钵僧》，巴黎第十大学人类学研究会，1985年版，第226页。

[3] 同上，第289~292页。

写的作品供他们瞻仰。罗睺罗却将他们打发走，并高声喊道："你们不该拥有他的书。你们不把他当作一个千载难逢的人来看待，是你们把他毁了！"①

率真、智慧与叛逆合为一体，让根敦群培具备了独特的人格魅力。曾与根敦群培一道在西藏进行过六个月考察的穆克吉说："即使戴着变了形的旧毡帽，穿着破旧的氆氇褐衫，他（根敦群培）照样能引起大街上的所有女人的好感。"②根敦群培最热衷于政治的弟子阿布杜尔·瓦赫德则形容说："同他擦肩而过，人们会把他看成是一个普普通通的人，可是与他交谈，就好像是遇见了一尊菩萨。任何人都没有我了解他。他的表情，他的双眼，都远远超出了这个世界。他的缺点是没有任何名利欲。如果有某种抱负，他有可能成为一位重要的领袖。他对一切都不在乎，乐观地面对整个世界。他非常天真纯朴，任人摆布。这就是他回到拉萨的原因，因为人们都认为，这是一场社会变革的有利时机。人们从遥远的地方来看望'他们的仁波且'，而他却嘲笑他们。他从未自称是我们的领袖，相反，他还嘲笑我们。但是，在他去世之后，围绕在他身边的所有人都感到成了孤儿。他对任何人都不存怨恨，即使是那些曾诽谤中伤过他的贵族。我的朋友们和我，为争夺封建特权而内讧，可是，他和他们一道工作，经常会面。然而，当他被捕入狱后，他们当中的任何人都没有向他提供哪怕是最小的帮助。"瓦赫德还把根敦群培比作米拉日巴尊者："由于他对人类的爱超过贵族、商人、侍从、僧人和农民，这也吸引着我，我是一名商人，没有一点假斯文，但是他却让我着迷。"③

仅仅将猛虎身上的斑纹一条条细数出来是不够的，我们还要理解这些斑纹何以交织成这样一幅令人着迷的图案。根敦群培身处转型时代，所以其个性具有从传统人格向现代人格转变的特征。他亦僧亦俗，传统与现代交织，

---

① ［法］海德·斯多达：《安多的托钵僧》，巴黎第十大学人类学研究会，1985年版，第289~292页。
② 同上，第232页。
③ 同上，第290~291页。

既被蔑为乞丐，又被奉为圣人，一切皆因他的性格是矛盾着的统一体。

其实，那个时代又何尝不是如此？

迷信与科学、保守与积极、封闭与开放、媚外与自强、伪善与真挚……这些都是在20世纪藏族社会中纠缠不休的矛盾体。从这几个方面来说，根敦群培的性格其实趋向于矛盾的"正面"——他崇尚科学，思想开明，性格开放，智慧聪颖，自尊自强，坦率真诚，尊重人性。

法国学者海德在剖析根敦群培的双重性格时就指出："从根敦群培的寺院生涯来看，他被与他同时代的格西们评价为'一位为佛法采取重大行动的圣人'。然而，'圣人'的两条道路却是公认的，这就是辩证的学者之路和禅定冥想的隐修者之路。由于没有脱离传统的社会背景，根敦群培善于走两条道路，他似乎在这两条道路上并进，与他的生命相始终。从他所接受的寺院培养和对理性的重视来看，他是一位'学者'，从他的宁玛派家世和他的神秘爱好来看，他是一名'乞丐'，他自我认同为传统中的'疯圣人'。'疯圣人'既是灵性的一种最高表现，又是可以摆脱被社会同化的边缘人和异端分子或异教徒的一种脱身之计。根敦群培始终保持着这种角色，在他回到西藏后，他与这个社会的距离，委托给他的同胞，他们不再离开藏族社会而接受了他的相异性。多亏这种角色，才能使他把社会的整体性与他个人的本性结合起来"[1]

海德甚至认为根敦群培具有三重身份："他把自己的生命都献给了（西藏的）社会变革，可是这个社会不理解他，甚至拒绝他。革命的梦想在他的眼前被粉碎。他受到孤立，可能是因为他的身世，他的坦诚的天真，更重要的甚至是由于他的个性，他的三重身份：精通本民族传统的学者，脱离社会的'疯圣人'和具有现代与批判精神的（离经）叛道者。他'沉醉于喝掉整个世界'。"[2]

---

[1] [法]海德·斯多达：《安多的托钵僧》，巴黎第十大学人类学研究会，1985年版，第276页。

[2] 同上，第289页。

根敦群培的独特个性使他能够区别于普通的博学僧，成为一代佛门传奇。质疑受人尊崇的寺院经典和大师，放弃僧侣梦寐以求的格西学位，身无分文却游学四方……这些都是他独特个性的体现。

丰满的个性对根敦群培的人生、学术和思想都产生了重大影响。赫拉克利特说："一个人的性格就是他的命运。"真正的成熟，应当是独特个性的形成、真实自我的发现、精神上的结果和丰收。天资聪颖，使根敦群培具备了鹤立鸡群的先天优势；直率真诚，使他在学术创作中不但"求其可贵"，更"求其可信"；离经叛道和蔑视权威，使他在治学和思维时，不唯传统，不唯权贵，不唯经典，不囿成说，敢于提出自己的独到见解。

另外，既是僧人又是学者，既是"圣人"又是"乞丐"的双重性格使根敦群培在研究藏印文化时，能够准确把握这两种文明的不同内核，把佛教文化与世俗文化圆融地结合起来。最后，作为"边缘人"，根敦群培不但可以充当藏印文化、传统文化与现代文明的"旁观者"，看清其本来面目，而且能够以现代的眼光审视传统佛教，取得同时代僧人和学者难以望其项背的学术思想成果，成为时代的先驱者。

契机·别离

"我就要离开拉萨了。"1934年6月的一天,根敦群培突然向他在拉萨最亲密的朋友尊珠宣布了这一消息。

"你打算回热贡了吗?"尊珠对这位瘦削却博学的朋友很是不舍。

"不,我要去的地方,要比热贡远得多,也大得多。"根敦群培语带神秘地回答。

见根敦群培眼中闪烁着憧憬的光芒,一时间竟忘了解释,尊珠只得主动追问:"别卖关子了,你跟我还来这套!"

"哈哈哈!我不是卖关子,是怕惊着你!"根敦群培兴奋地回答,"我不仅要离开拉萨,我还要离开西藏。我会先到佛国印度朝圣,再去苏联、美国、英国游历一番!"

尊珠知道他是个不安分的家伙,但没想到他竟如此大胆:"你怎么去?别说美国了,光是去印度就隔着万重山水!"

对尊珠的担心,根敦群培显得毫不在意:"放心吧,我的朋友,我找到了愿意资助并且与我同行的人!"

"好吧。"尊珠知道这个顽固的家伙一旦认定了目标就不会轻易更改,只能继续旁敲侧击,"去印度朝圣我能理解,但你去苏联干什么呢?"

根敦群培再次用神秘的语气回答:"我听说,苏联至少有三个人和我一样,我打算去拜访他们,和他们交流一下观点。"

尊珠不知道根敦群培所谓的"三个人"究竟确有其人还是另有所指,但这个决定在他看来还是太草率了，便反驳道："苏联只有三个人和你一样，但是在拉萨和西藏的其他地方，却人人都像你呀！"

听到这话，根敦群培收起兴奋和戏谑的神情。他定定地看着这位曾与自己朝夕相伴的朋友，斩钉截铁地回答："不，这里没有一个人像我！"

根敦群培的决然离去，是他在拉萨长期郁郁不得志的必然结果。"作为一只布谷鸟，留在乌鸦群中有何用？"如同当年在拉卜楞寺的遭遇，在哲蚌寺学经的根敦群培因过于卓尔不群而为传统僧俗所不容。让人唏嘘的是：在那时的人们看来，根敦群培的出走是狼狈地逃离。但穿越近百年尘烟再回首望去，那当真算得上是他的主动出击——谁说拉萨就是真理的尽头？他要去外面的世界巡礼，去见识与他契合的人心，去寻求新的思想武器！

刚离开哲蚌寺的那段时间，他虽逐渐脱离寺院群体，但还是经常在哲蚌寺鲁本康村的住所生活——他当然不排斥世俗生活，却更希望靠近佛法净地。虽然通过绘画得来的财富已经可以让根敦群培在拉萨生活得十分富足，但他对此并不上心，更没有一点沾沾自喜。已经三十二岁的根敦群培早已历经沉浮，看淡名利。他更关心的是内心的适宜与满足。

根敦群培在哲蚌寺度过的七年学经和辩经生涯，不仅让他的佛学水平大大提高，辩经经验更加丰富，同时也让他的人际关系得到拓展。毕竟，除了寺院生活，在拉萨的世俗生活也是根敦群培这七年的重要组成部分。这也直接促成了他接下来长达十多年的天涯漫游之旅。

根敦群培在拉萨期间结交了一批高僧和贵族，这让他在佛学和生活两方面同时受益。那个"愿意资助并与根敦群培同行的人"便源自于此。当时，印度学者罗睺罗为了考察和收集在印度失传的梵文经典，于1934年5月19日来到拉萨访问。其实早在1929年，罗睺罗就曾入藏收集梵文贝叶经，只是因为没能找到合适的当地学者相助而收获甚微。这次，他抱着毕其功于一役的决心而来，不仅要收集遗失的经典，还要带一位梵藏文皆通的学者回印度协同研究。

那时，根敦群培已是闻名西藏的学者，尤其精通梵文。不久，罗睺罗便在喜饶嘉措大师的住处结识了根敦群培。初次见到根敦群培的罗睺罗对他印象深刻："我对这位如此虚弱瘦小而又是如此伟大的学者、画家和诗人的人物，百思不得其解。"根敦群培瘦小的身躯里蕴含的能量与智慧是无穷的，罗睺罗只和他聊了半天便被他的才学折服。

这两个人几乎是一见如故。罗睺罗在研究古代的梵文手稿、经卷和绘画方面，都希望得到一位学识渊博者的大力协助。而根敦群培则对佛国印度很是向往，希望到印度去朝拜和学习一番。从那天起，他们就逐渐成为最亲密的朋友。那段时间，罗睺罗算是最了解根敦群培的人了，他回忆说："我们的格西达玛瓦丹（指根敦群培）不仅研究哲学，而且还熟练地用藏文写诗。在学习和掌握了传统的绘画技巧之后，他又很快学会了新的绘画风格，他在拉萨的生活是以艺术家的身份出现的，因而过得非常舒适。可是格西达玛瓦丹从不接受这种轻而易举得来的生活。"[1]

初次见面后没多久，罗睺罗便向根敦群培发出同游印度的邀请，但根敦群培出于谨慎，没有立刻答应。同年7月，罗睺罗和根敦群培在八廓街附近的曲森夏再次会面。

罗睺罗知道根敦群培是个爽快的人，便开门见山地问道："您想好了吗？"

根敦群培虽然去心已定，但言语间还是有些踟蹰，毕竟这趟天涯行脚，真正能依靠的只有自己："为什么一定要找我呢？"

罗睺罗理了理衣装，正了正身子，一脸敬重地回答："如今印度佛教在外道四面夹攻下名存实亡，许多经典早已遗失，让我痛心不已。我来西藏便是搜寻那些很早前被译成藏文的印度经典，再将它们还译回梵文。但没有您这样精通梵藏文的大学者，我重振印度佛教的愿望只是幻梦一场。"

---

[1] 杜永彬：《二十世纪西藏奇僧：人文主义先驱更敦群培大师评传》，北京：中国藏学出版社，2000年版，第82页。

根敦群培似是为他的宏愿所感染，回答的声音有些高亢："您的执着让我钦佩！我本狂人，无所忌惮，本该痛快答应，可我的梵文尚未达到能完美翻译经典的水准，只怕力有未逮。"

见根敦群培松口，罗睺罗顺势开解道："您已是如今拉萨梵文最好的僧人，而印度与西藏译师之间的交流已中断了太久太久。此去印度，您不必急着离开，可在当地继续学习梵文，我坚信您将来一定会成为一位优秀的翻译家，填补历史的空白。"

见罗睺罗诚心诚意邀请，根敦群培不再犹豫，当即答应下来。他后来自述道："当我还在青年时代，就曾多次盼望获得赴印度的机会。到达拉萨，在哲蚌寺修习了七年之后，与到西藏游历的印度班智达①罗睺罗相遇，他的劝勉正合我意，便决定前往。"

送走罗睺罗之后，根敦群培走出曲森夏，沿着八廓街缓缓而行。七年前初来拉萨，他便寄住在这里的一户商人家。那时，他觉得周遭的一切既新鲜又亲切。如今，七年光阴倏然而过，他却对这里的一切渐渐陌生起来。"看来，真的是时候离开了！"想到这儿，根敦群培双手合十，悄然伫立。那一刻，喧嚣退隐，风尘止息。那是他和拉萨之间，一场心照不宣的无声告别。

---

①班智达：梵文音译，意为博学的、通晓五明之人。

智游·漫步

根敦群培接受罗睺罗的邀请后，很快便启程了。回想起来，自1927年到拉萨入哲蚌寺学经，七年来根敦群培的主要精力都用在了修佛与辩经上，几乎没有机会到拉萨以外的地方游玩观赏。故而在离开西藏前，他和罗睺罗两人先去澎波、热振、江孜、日喀则等地进行了为期近两个月的朝圣与考察。

澎波与拉萨河谷处于一座山的两个侧面，但那里的寺庙比圣城拉萨的庙宇还多。来到这里，根敦群培被如同牧场一般宽阔无垠的澎堆①震撼。离开家乡多年，他第一次看到能够媲美青海牧场的草地，这让之前长住拉萨的根敦群培感到心旷神怡。他顾不得同行的印度朋友，独自在这片宽阔的土地上策马奔腾起来，很快便将生活了七年的圣城抛诸脑后。

根敦群培疾驰到河谷边稍事休息，酣畅淋漓的快感让他的胸口不断起伏。他深深地呼吸了几口沁人心脾的空气，极目望去，只见不远处河谷上下游朗塘、波多等著名噶当派大寺庙错落有致地分布着，煞是雄伟。与拉萨城中的寺庙不同，那些噶当派古寺中佛塔林立，蔚为壮观，这让根敦群培很是好奇。后来远游佛国，见识增长，他才在《智游列国漫记》中解释道："印度的迦尸圆波罗奈城、那烂陀等地的古寺遗址中也有无数大大小小的佛塔，如此看来古代的习俗正是这样。"

在澎堆，有一座极为古老的寺庙，名为"杰拉康寺"，它引起了根敦群

---

①澎堆：澎波地区的上部。

培与罗睺罗的兴趣。杰拉康寺建在洛日附近，虽然周围有适宜建造佛寺的斜面坡地，但它偏偏建在了平地中央，这和早期的诸多法王和佛教后弘初期建造的寺庙保持了一致。杰拉康寺门前有座一人多高的方形石碑，在其半腰间的四面分别刻有金刚、珍宝、莲花和交杵金刚等图案。根敦群培走上前去细细端详，发现石碑东面刻有以下文字："……特树此碑。当今，通常诚心行善、赞颂美德者为数甚少。然而，皈依三宝之诸众：以佛陀为神灵；言论以佛法为准绳；重观念之修习；独处时行为须稳重；生活洁净；办诸事均合佛法；公务议而定；家务自经营；恶言根除尽；忠言皆允承。若实践此十条，今生来世皆可尽享平安。"

根敦群培注意到，此十条之后，有一行字迹较模糊，能读的只有"定要牢记在心间"几字，接着似乎还有几行，但已无法辨认。与当今写法相同，大凡古文常有反写元音符号"吉古"，但此碑文并非如此。树此碑者究竟是谁已无法依字迹考证，但根敦群培结合自己的历史知识推断：这很可能是赤·达磨之孙扎西则或扎西则之子威德。

他们往杰拉康寺内部走去，在大殿里面的内殿中发现一尊十分高大的弥勒佛像，佛像后面无数未用夹板固定的佛教经典卷帙就那么高高地码在那里，仿佛一面古老的石墙。他们如获至宝，根敦群培小心翼翼地抽出一册查看，发现这些经卷用的竟是和这寺庙一样古老的文字，连他都难以解读。怀着巨大的兴奋，他们继续向内殿深处探寻，罗睺罗在角落里发现一尊约一人高的弥勒佛三师徒石雕像。他仔细研究后发现它竟与印度雕塑工艺如出一辙，惊喜地说："快看！这肯定是从印度迎请来的佛像！"根敦群培闻声上前掌灯细看，只见雕像座后刻有"此尊殊胜福田弥勒像，乃由殊胜施主藏多衮则建，于此殊胜圣地矗立此宝幢，祈愿殊胜佛果菩提赐予我！唵，弥哈惹那哞"等字样，说明这尊像可能是远游的印度艺人在西藏雕塑的。根敦群培以自己在文辞学上的造诣分析道："这类与叠字修饰法相似的诗词，常常可以在古代石雕上面看到。把'唵'字写成长元音，虽多次遭受学者们的指责，但在古代文献中经常出现。总而言之，这些都是完全依据梵文读音拼写成藏文的。"

杰拉康寺的考察让他们二人收获颇丰，但他们的幸运并未就此停止。出寺时，与僧人的客套寒暄让他们得知，杰拉康寺下面不远处一座幽静的山谷里，还有座尼姑小庙，据说是大译师巴曹之古寺。他们闻言便欣然前去朝拜，可当他们满怀期待地赶到时，却发现那座小庙内除了一破败的小佛堂，再无其他。不过他们也不算一无所获，因为未曾详细研究西藏历史的人只知如此著名的古寺在这一地区，却并不知究竟在何处。今天它突然出现在他们眼前，一种悲喜交加的宿命感油然而生。根敦群培后来回忆道："虽然多数噶当派佛寺结构简陋，连柱头都是歪歪扭扭的，无一根笔直的好料。但一经瞻仰，立即引起一种对佛法的信念，使人心情十分舒畅，倍感其姿态更加庄严壮丽。"

在澎波逗留数日后，1934年7月29日，赴噶当派第一座寺庙——热振寺考察的工作终于准备就绪。随后，根敦群培和罗睺罗便动身前往热振寺进行赴印前最重要的工作：收集梵文贝叶经和唐卡。

热振寺由噶当派创始人仲敦巴建于1057年，是噶当派人人向往的祖庭。"热振"意为"根除一切烦恼，持续到超脱轮回三界为止"，热振寺静静地坐落在拉萨北面的林周县唐古乡，用沉默与低调践行着自己名字所寄托的寓意。根敦群培从当地僧俗那里了解到，这儿从前只是一座不长草木的秃山，相传后来松赞干布到这里巡视时把洗发的水珠洒在山坡上，并祈祷祝福，于是这里便蓦然长出两万五千棵翠绿的柏树，繁茂至今。

传说中夸张的部分让根敦群培不禁莞尔，但当他站在热振寺前，面对周遭那高耸的柏树时，他发自内心地感慨道："朝拜诸佛像及古柏树等，深感除此再无比它更美丽、更令人欢愉的地方了。"热振寺西侧有一个著名的"帕邦当"也让根敦群培很感兴趣——它被僧俗称为"圣道"。按照藏族民间传说，每逢藏历羊年七月十五日，密集空行母茶吉尼、卡珠玛、桑瓦益西等十万天女便会下凡，在此设坛集会，超度众生。久而久之，便形成了著名的热振帕邦当廓节。

当地民众向根敦群培兴奋地介绍道："节日那天，各地的善男信女都会来到这块美丽的磐石草场上，向天女敬献各种供品，念经诵咒。到时候还有煨桑、赛马、跳神各种活动……好不热闹！"

"太遗憾了！"根敦群培叹道，"不能亲眼看看这盛况！"

根敦群培与罗睺罗在热振寺住了约一个月，期间听说该寺藏有几册梵文典籍，便打算晋谒，却因该寺管家误将罗睺罗当成西洋人，最终未能如愿。其实，罗睺罗脸色黝黑，一副地道的印度人模样，应该不可能与西洋人相混淆，但也许是该寺僧侣长期离群索居，故而有所误会。不过，在这里他们还是发现了一些古老的唐卡，并在一座佛塔废墟中找到了一些古藏文手稿，也算不虚此行。

9月，他们返回拉萨，但很快又赴西藏南部，沿着通往印度的道路考察西藏地区的寺庙。他们此行的收获是找到了法称论师①的《释量论》梵文残本。对此，根敦群培在《自拉萨启程》中有详细的记载："临行前，还曾与班智达罗睺罗等人赴澎波和热振等地朝圣。同时，开始随班智达学习梵文。他很富有，有相当于七岁的藏族儿童的藏语水平。凭借拉萨一些贵族的推荐，在上述寺庙中仔细地瞻仰了佛像、佛经和佛塔等……约于旧历七月，经羊卓抵达江孜。从江孜往北步行一天后，谒见了坐落于山谷中的小寺白康措巴。"

白康措巴寺虽已破落，但根敦群培二人却并不轻视，因为据传它就是克什米尔大学者米切班钦的却隆措巴寺。他们在寺中也确实发现了克什米尔学者的衣服、钵盂等物品。其中，有件略黄的紫色袈裟引起了根敦群培的注意。博闻强识的根敦群培记得宗喀巴大师在给克珠的一封信中就提到过一件赠给他的紫色僧伽梨衣。根敦群培暗揣：莫非历史上曾经有过一个时期，十分流行这种紫色法衣？他进一步推测：这大概就是《毗奈耶颂》一书中所载"鹅黄、土红和天蓝等如法三色"中所说的土红色。

这还没完，让他们二人惊奇的是：这座不起眼的小寺庙中竟珍藏着一幅不空罥索五佛像——印度风格，技艺精湛，形态动人。在克什米尔大学者米切

---

①法称论师：大乘佛教瑜伽行派论师，佛教因明大家。论师，精通论释佛教经义的僧人。

班钦的传记中提及的那幅画，应该就是眼前这幅了！根敦群培如获至宝！如此出自固巴达王朝时期印度高明卷轴画家之手的精品，今天无论在印度还是在西藏肯定不会再有第二幅了！更别说像此画一样保存完好，不显陈旧。尤其是马头明王的上獠牙，以及诸佛殿中的各种愤怒相，甚是生动，即便是没有宗教信仰的人看了，也会心生敬畏。

之后，二人又经扎什伦布到达夏鲁，参访了遍智布敦的卧室。遍智布敦的卧室如此简陋，以至于连今日的普通僧侣都不愿居住。小小的房间没有窗户，墙上也没有彩绘，唯一能带来亮光的，只有那扇破旧的房门。他们发现一个灰色木箱，据说那些十分珍贵的典籍就装在里面——尤其是布敦亲自撰写的手抄本藏文典籍。他们小心翼翼地打开，发现一部连他们都感到陌生的、由几层书布包裹着的长页经卷。打开一看，他们才知是布敦的著作《光明注释·莹澈六万》第一部的手稿。书中注有"此书乃心传弟子译师之手稿，切勿散失"等字样，让他们很是兴奋。根敦群培仔细端详良久，除了字里行间的深厚佛法韵味，书页上那精湛的行书技艺也让他很是着迷。

他们推算，此书大概著于宗喀巴尊者之前两代人的一段时期。想到这里，他们心中顿生一种毫无因由的悲伤之感，因为这些经卷的包装十分简陋，很容易便会遭受无法挽救的损坏。而且他们还听说萨迦郭绒寺在清扫经卷上的积尘时，约有五部梵文经典被抖散，在场的一些佛教徒以为保存散乱的典籍书页会招来不幸，便将书页扫进楼下的垃圾堆中，将其糟蹋殆尽。罗睺罗痛心地叹道："就是在佛教的发源地印度，要想得到一张古代贝叶经书也是难于登天，在这里他们却弃之如敝屣！多么可悲！"接着，他们又听说了更加荒谬的事情：前来朝拜的信徒里，有人会从全套典籍的每一部中偷出一张书页作为"护身符"；有的则干脆从典籍上抠下指甲大小的书页吞进肚里，说是可以由此得到神力。这些传闻让他们二人听了异常愤怒，却也无可奈何。

9月底，根敦群培与罗睺罗结束了这次考察。总的来说，他们收获颇丰：一是熟悉了西藏主要寺院的壁画和梵藏文典籍；二是观看了一百多部梵文贝叶经，并收集到法称《释量论》的梵文残本等梵藏文古籍；三是考察了所到之地的诸多古迹，包括杰拉康寺、尼姑庙、热振寺、白居寺、夏鲁寺、扎什伦布寺、俄尔寺和萨迦寺等。这段时间里，他们二人在朝夕相伴中建立了深厚的友谊，这对根敦群培后来的生活方式与学术思想都产生了重要的影响。

至于罗睺罗，他在1929年初次化装成朝圣香客潜入西藏时，虽然前后待了十五个月，但只找到一些藏文木刻版和手稿。因此，他把与根敦群培一起进行的这一次考察看成是"一次成功的旅行"，虽然噶厦不允许他们对古文献手稿进行照相留档，但他们还是伺机抄写了几部。罗睺罗在日记中坦陈：根敦群培在他不知道的许多地方给予了重要帮助。正如学者海德所说："罗睺罗这次考察获得成功，在很大程度上要归功于根敦群培。"然而，罗睺罗在后来出版的《释量论》的导言中，却把这次考察说成是由他自己单独进行的，甚至连根敦群培的名字都没有提及。个中缘由，我们不得而知，在此不做考证。

不管别人如何看待根敦群培在这次考察中的作用，或者他应当享受何等的尊荣，他对于此行的收获无疑是大为满足的。根敦群培在拉卜楞寺时，见闻少，视野狭小。到拉萨后，经过在哲蚌寺的七年修习，提高的也只是佛学水平。这次考察，则让根敦群培真正增长了见识，开阔了视野。这时，根敦群培已是通晓"五明"的著名学者了，这显然比书中留名的荣誉更让他感到满足与欣慰。

他的人生，也将因此掀开新的篇章。

第四章
佛国识智慧，神通具足

1935年春，根敦群培在日记中兴奋地写道："我终于喝到了恒河的水！"这位"迟迟难行的译师"，在古格王朝的大译师仁钦桑波往印度求法后八百年，终于抵达摩揭陀圣地。在此后十数年的南亚游历中，他究竟会成长为一个怎样的人呢？

佛国·苦行

1935年春，一名三十三岁的西藏僧人静静地站在恒河边。他的僧袍有些破旧——那是穿越千里风尘的落魄印记，他的目光却温柔而坚定——那是三十三年虔诚顶礼的荣耀标记。不远处静谧的河水中，三三两两的僧俗虔诚地沐浴着身体，洗涤着灵魂。偶尔一位行吟歌手从他身旁经过，他就会听到与河水一样自然而澄澈的梵音。"我终于喝到了恒河的水！"当天夜里，久久不能入眠的他在日记中兴奋地写道。

这一年，根敦群培终于踏上了佛国印度的土地，喝到了恒河的水。

对很多人来说，印度是一个神秘而充满异域风情的国家。它的山和水，它的声音和气味，还有它的人民，曾激起不少中国人，甚至是西方人的想象。马克·吐温曾动情地写道："据我所能做的判断，不论是人或大自然，都已竭尽全力，无微不至地将印度造成太阳底下最不寻常的国家。一切都仿佛没被遗忘，没被忽略。"

但对佛教徒而言，印度的神秘平添了几分神圣，印度的异域风情又多了几分追本溯源的味道。这世上，再没有一个国家能像印度这样令他们神往。根敦群培望着眼前来往的人群，望着他们脸上肃穆而安详的神情，终于相信了幼年时阿爸对他说的话："虽然历史的尘埃一层层落在这片土地上，但只要你抬眼望去，它总会给你一个惊艳而震撼的身影，让你永生难忘。"他知道阿爸从未到过印度，但阿爸在许多年前像是道听途说来的"胡言乱语"，竟如此契合自己此刻的心境。那一刻，这个在现实面前从未低头服软的清瘦僧人，潸然泪下。

根敦群培回想这趟漫长而艰辛的旅程，那些沿路走过的地方仿佛依然触手可及：拉萨—羊卓—江孜—日喀则—夏鲁—萨迦—玛恰章索—定日—聂拉木—加德满都—旃达罗岗—（印度）贾拉尔吉浦。在贾拉尔吉浦，因大雪封路，他整个冬天都受困于此，用他自己的话来说，"像昆虫掉到海里一样后悔难受"。如今，他终于走出困厄，见识到了真正的印度。

开春后，根敦群培一行来到印度的宗教圣地——巴特那，这里的风物让根敦群培着迷不已。巴特那位于恒河最丰满处，土地肥沃，绿树成荫。正巧又值开春时节，根敦群培感觉连空气里都弥漫着生长的味道，这种味道让这座千年古城显露出勃勃生机。街上的人在温煦的阳光中安然行走，似是不管用什么姿势，向何处迈步，都能轻松地找到一个舒适的落脚处。同行的罗睺罗见证了根敦群培的喜悦与兴奋，他在自传中记述："我们终于到达印度。出生于遥远的黄河谷地的这位格西，渴望亲眼看一看佛祖的诞生地，多年的梦想终于实现了！我带着他巡游了印度的佛教圣地。我们所到之处，他都用诗来赞颂释迦牟尼的生平，并且还绘制了各大圣地的草图。"他们这次在西藏考察所收集的手稿和文献复制品也被收藏于巴特那的"比哈尔和奥里萨研究会"图书馆里，成为根敦群培此行的另一见证。

根敦群培的兴奋并不仅仅因为巴特那闲美的风物，更因为它那悠久的历史。巴特那曾为举世闻名的孔雀王朝阿育王的首府，佛经里称之为"华氏城"，距今已有两千五百年了。这里曾是一个经济和宗教都很繁荣的城邦——一度被称为"圣人之邦"。这里著名的宗教遗迹更是数不胜数，加雅城、大普提寺、天花女神庙……每处都让初临的根敦群培激动不已。

与古代高僧大德来印度"求经"不同，根敦群培此行以考察印度文明，学习印度语言，研究印度宗教和历史文化为主，是"求知"之旅。所以他虽然兴奋，却不忘事无巨细地摘记下沿途的点滴见闻。

他心中惦念的，始终是那片遥远而亲切的土地。

也许是尽日写诗与绘图的缘故，当地的印度人误将根敦群培看成是一位来印度游览的艺术家。他们并不知道，那个清瘦僧人的脑袋里，其实装满了学识与智慧。1935年，印度《明镜报》刊登的一则短文里这样写道："罗睺罗享有印度'班智达'的美名，近年他曾到西藏考察访问，最近他将前往日本……这位安多格西（指根敦群培）从哲蚌寺和罗睺罗一道来到印度，他是一位学识非常渊博的学者和杰出的艺术家，将前往大吉岭，在多珠下榻。"①

"哈哈哈！大艺术家，这下你在印度出名了！不过，我们也终究要分别了。"罗睺罗指着《明镜报》描述根敦群培的文字向他调侃道。

"是啊，你脚步不停，要去日本开始新的考察，我也不能懈怠，要去大吉岭朝圣学习。"根敦群培望着眼前这位共患难、同济舟的朋友，言语间颇为不舍。

但他们毕竟都是洒脱之人，在默契的对视中慨然一笑，二人便各奔东西。无论将来他们如何用不尽相同的笔触来记述这段同行的时光，可以肯定的是，这一定是他们记忆中最值得纪念的旅程。

只是旅程，永远都不会结束。

根敦群培在南亚的十二年里，大部分时间都在大吉岭及其附近的噶伦堡度过。大吉岭又被称为"金刚之洲"②，是印度西孟加拉邦的一座小城。由于这里海拔高，又位于避风的山坡，所以夏季凉爽宜人，是个避暑胜地。不过，让大吉岭真正享誉世界的，是世界三大名茶之一的"大吉岭红茶"，它被誉为"红茶中的香槟"。根敦群培到达大吉岭后最先注意到的自然也是那一丛丛整齐排列的茶树。在茶树间工作的多是当地的少数民族，他们身着红底绣花的民族服装，将茶筐的背带勒在额头上，用头来代替双肩承担茶筐的重量，颇为有趣。根敦群培在这儿住了一阵后发现：这里高地多雾，降雨充

---

① 《明镜报》，1935年（卷数、日期不详）。
② 金刚之洲："大吉岭"是由两个藏语词Dorje（霹雳）和ling（地方）合并而成，故得名。

足，确是种植茶叶的好地方。

根敦群培在大吉岭的生活喜忧参半。1934年年初到大吉岭时，他寄住在当地的藏族人拉姆措家里。拉姆措回忆："根敦群培到大吉岭后，就住在我们家里，我的母亲把他视为自己的上师。"根敦群培在大吉岭近郊一直住到1937年4月，他在这里继续进修梵文和英文。在此之前，罗睺罗已于1936年2月离开印度，前往日本、朝鲜和莫斯科等地继续考察。失去了这位"富朋友"的资助，根敦群培的境况一落千丈。从他写给罗睺罗的几封信中，我们可以知道，这是他一生中最贫困潦倒的时期——独在异乡，无依无靠，只能维持基本温饱，原本设想的悠游漫步、求谒经典成了无法实现的幻想。郁郁不得志的日子里，根敦群培只能将时间和精力花在学习语言和考察当地风物上。

直到1936年7月，根敦群培的境况才有所好转，他搬到了大吉岭的"喜马拉雅佛教徒之家"，生活条件有所改善。作为避暑胜地，这里夏季气候宜人，根敦群培终于在凉爽的晚风中舒缓了抑郁情绪。两个月后，根敦群培见到了结束旅行返回印度的罗睺罗，并向他"打听东方和北方新世界的知识和风俗习惯"。这次短暂的碰面又撩起了根敦群培四处漫游的念想，但罗睺罗并不打算刚回来就再次上路。随后，根敦群培在格隆白·吉·诺纳斯家住了一年半，诺纳斯帮助根敦群培学习英语，并供给食宿。1935年冬，根敦群培不好意思再打扰诺纳斯，便再次搬走，来到距离大吉岭不远的锡金查贡居住。这里相对大吉岭更加偏僻，甚至连一间邮局都没有，所以罗睺罗写给根敦群培的信息是迟到，这让根敦群培很是郁闷。

根敦群培虽然过惯了朴素的生活，但身无分文的日子还是让他感受到不小的压力。"这是一个穷得不能再穷的家了。"他在1936年1月14日所写的一封信中表达了自己的失望之情，"在查贡，我已身无分文，这就是我今年不能前往摩揭陀的原因。我不能再在印度逗留了，我希望巡游阿旃陀、孔雀城、桑西（制多山）以及古籍中提到的其他圣地。然而，由于缺钱，我什么地方都不能去。"

也是由于经济的困窘,早已启动的《沙恭达罗》的翻译工作也无法顺利完成。此时,根敦群培开始思念家乡与亲人,渴望回到他们身边,只是,没有盘缠,一切都是妄想。你若在这个时候慕名去拜谒这位来自西藏的博学僧,你会惊讶地发现他口中除了圆融的智慧佛法,也常有"世俗谬论"冒出,他甚至自我嘲弄道:"金钱,只有它才是世界的主宰者!"

虽然困顿,但根敦群培的桀骜不羁一点没少。在大吉岭时,他和一位叫作喀钦拉多的佛教徒同屋。这位佛教徒发现,根敦群培虽然满腹经纶,却从不念经,更不拜佛。

喀钦拉多虽然觉得他是一个怪人,但也折服于他的智慧和学识。所以,当一位著名的俄国藏学家乔治·罗列赫想找一位藏族学者合作时,他就把根敦群培介绍给了罗列赫。后来,罗列赫带着根敦群培到了印度西北部的库奴,这里过去曾是阿里的一部分,居民多有藏族血统,很多都懂藏语。后来,两人决定合作用英语翻译两本重要的西藏著作——《释量论》和《青史》。不过,这些都是几年之后的事了,此时的根敦群培,依然只是个苦于生计的落魄僧人。

在根敦群培的几番申请下,"摩诃菩提协会"①终于同意派根敦群培赴锡兰深造梵文和学习巴利文。然而,这并不能彻底改变根敦群培穷困潦倒的境况。没过多久,根敦群培最后的财源也宣告枯竭,这个虔诚的佛教徒甚至不得不去向当地的基督教会借钱。他心知苦守不是办法,只能再次致函罗睺罗求援:"我找了一位班智达学习梵文,然而,由于我们无法用共同的语言进行交谈,因此彼此间很难沟通。学习热情很快就消失了,我不希望在此久留,但又没有盘缠。难道我必须以卖画为生吗?请尽快来信指教。"对一向

---

①摩诃菩提协会:印度人佛教复兴运动团体,系一国际性组织,1891年由斯里兰卡居士达摩波罗创建。
②僧伽罗:斯里兰卡的古称。

自傲的根敦群培来说，这样的口气无异于乞求帮助了。

在等待好友援助期间，根敦群培并未放弃求知治学。在锡兰时，根敦群培曾将一部僧伽罗②的《毗奈耶（戒律）》译成藏文。只是，他的好友似乎已经淡忘了这位西藏朋友。根敦群培只得独自在锡兰坚持学了三年的梵文和巴利文。三年后，他回到噶伦堡，此时他的经济状况依旧窘迫。

虽然根敦群培在印度和锡兰生活时遇到诸多困难，但在学习方面还是比较顺利的。他的英语和印度语都讲得很流利，所以在印度并没有沟通障碍。而且，在最困难的时候，有一批把他的画当作他的学识来欣赏的仰慕者帮他改善了经济状况。

在印度期间，根敦群培漫游了佛祖弘法的名山圣地，足迹踏遍《胜乐续》中提及的古印度二十四圣地。在对印度的历史、文化、宗教、名胜古迹、周边国家概况等有了充分的了解之后，根敦群培遍访密宗大师，多次接受密宗般若灌顶，并参阅大量的印度古代典籍，以翔实可靠的大量资料，编写了《智游列国漫记》，为后世留下了宝贵的研究资料。

交往·执迷

在印度，三年时光匆匆而逝，根敦群培此时已经到了穷困潦倒的地步。

一天，根敦群培郑重地请朋友——《明镜报》的主办者塔钦帮忙去买一件纺织品。塔钦以为他要买一整卷布来做衣服，就陪着他去了商店，结果根敦群培挑了半天，却只选了一米的劣质棉布。

"您怎么不多买一点儿呢？"塔钦诧异地问道。

"够了，这些就够了。"根敦群培不好意思袒露囊中羞涩的事实，只得含混答道。

说完，根敦群培从随身的大襟包里左掏右掏，结果却只掏出了三卢比，这让他感到十分难堪。塔钦终于知道根敦群培为何让他陪同买布了，赶忙上前将剩余的账结完。

出了店铺，塔钦小声对根敦群培说道："如果您还有什么需求，可以直接跟我说的。"

"没事的，今天就是钱没带够。"说这话时，根敦群培的声音连自己都不大听得清了。

而这，只是他三年间无数窘迫时刻的一个小小缩影。此时的根敦群培满脑子想的都是逃离此地，重新上路，在旅途中寻找丢失已久的好奇心与热情——这曾是驱使他天涯漫步的根本动力。

恰在此时，根敦群培迎来了梦寐以求的转机。罗睺罗终于结束苏联之行返回印度，并着手筹备第四次入藏考察。比哈尔和奥里萨研究会预支了六千卢比作为罗睺罗的旅行费用，英印政府之前还允诺：在他结束西藏之行回到印度后，将赠予他四千卢比用于支付梵藏文手稿胶片的晒印费。得到这两笔经费的资助，罗睺罗便着手再次入藏的事宜。有了上次的成功经验，根敦群培自然是罗睺罗最先挑选的队友。此外，该考察队还包括：摄影师佩尼·穆克吉，巴利文专家、僧伽罗学者阿巴亚·辛格·帕勒拉和坎瓦尔·克里西拉。

对于这次考察，根敦群培自己留下的文字不多，倒是罗睺罗和穆克吉做了详细记载，罗睺罗用印度文写下了考察日记；穆克吉则先后在《辩才天女》杂志上发表了有关此次考察的十四篇文章。根据这些资料我们得以了解到：1937年4月23日至5月4日，根敦群培和罗睺罗先是前往噶伦堡、甘托克和加尔各答购买了摄影器材。5月4日，两人顺路拜访了在噶伦堡疗养的印度大文豪、诺贝尔文学奖获得者——泰戈尔。

此时的泰戈尔已是七十多岁高龄，他那标志性的白发银须给根敦群培留下了深刻印象。更让根敦群培钦佩的是，这位享誉世界的文学泰斗是如此平易近人，言谈间对他只身远游异乡颇为关切。根敦群培放下拘谨，在谈笑间展露其博学睿智，给泰戈尔留下了很深的印象。这是根敦群培第一次见到泰戈尔，后来，经罗睺罗推荐，泰戈尔曾打算聘请根敦群培到他创立的国际大学任藏文教授。泰戈尔给予的报酬颇为丰厚，而且给他做了绝对安全的担保。不过，久经困苦的根敦群培却令人意外地谢绝了这番好意。他的理由是，他来印度是"为了游历、观光和学习，而不是为了建立一个舒适的安乐窝"。

在这之后，他们继续北上，经达萨玛达、江孜，到达日喀则和颇康。考察队在日喀则停留了三周，美丽旖旎的日喀则是历代班禅的驻锡[①]之地，独具特色的环境与风物让这里被誉为"最如意美好的庄园"。行至日喀则时，根敦群培一行人得知拉卜楞寺寺主五世嘉木样活佛正在此地，他是在哲蚌寺果莽扎仓学经期间专程来这里朝佛的。

[①]驻锡：僧人出行，多以锡杖随身，故称僧人住址为驻锡。

关于根敦群培与五世嘉木样见面一事，时代久远，现存有克里西拉、穆克吉和根敦群培的弟子喇琼阿波三种不同的说法：克里西拉表示，当时五世嘉木样请根敦群培回安多弘法，被根敦群培婉言拒绝；穆克吉则说，他和根敦群培一道去拜访五世嘉木样，随后根敦群培单独和五世嘉木样待了一整天，第二天，根敦群培又去了嘉木样的住地，嘉木样邀请根敦群培回安多参与创办一所世俗学校，而罗睺罗却希望他留在西藏农牧区开展一场民众运动，因而嘉木样的愿望未能实现；喇琼阿波则形象生动地描述道："有人怂恿根敦群培去礼节性地拜访一次五世嘉木样活佛。他去了之后并没有对嘉木样表示不敬，而是献上了一条哈达，随后根敦群培再次拜访了嘉木样活佛，他担心这位大喇嘛对自己发泄不满，因为他在拉卜楞寺学经期间，在辩论'大五明'时，曾对闻思学院的'教材'发起猛烈的抨击。根敦群培后来在谈到这次会面时说：'（他）一点都不生气，我一到那间屋子，这位喇嘛（指嘉木样）就从座位上站起来，并坚持让我先坐下，他还拒不接受把座位放在我的前面的请求。啊！这位嘉木样活佛确实是一个菩萨！'"①

正如海德所说："喇琼阿波是一位诗人，他的叙述尽管与历史事实存在很大的差距，并且沉浸在譬喻的气氛之中，但是这是保存下来的关于根敦群培最生动的记述……这也反映了这位宁玛派上师个人的观点，他希望在格鲁派的一位重要的代表人物面前表明他的喇嘛的价值。"上述三种叙述虽然不同，并且有夸张的成分，但是，有一点是相同的，即根敦群培与五世嘉木样的这次会晤总体来说并不像传言所说的那样不愉快——这个远行的游子，在多年的漂泊生涯中渐渐收敛起一身狂傲，取而代之的是谦逊与自持。

离开日喀则后，根敦群培一行再赴俄尔、那塘和萨迦等寺考察两周，于10月2日返回锡金甘托克，这是根敦群培对西藏的第二次考察。一路上，除了早已熟稔的罗睺罗，穆克吉和克里西拉两位艺术家也与根敦群培建立起深厚的友谊。

---

① 杜永彬：《二十世纪西藏奇僧：人文主义先驱更敦群培大师评传》，北京：中国藏学出版社，2000年版，第95页。

一路上，根敦群培也并非只有男性朋友做伴，他虽算不得一位"情僧"，但他的学识与修养还是让他颇具个人魅力，因此他的女人缘也不差。当时，罗睺罗一行考察了一段时间后，又回到日喀则，然后分两路行动：穆克吉和克里西拉由特里拉德纳·曼陪同，赴拉萨考察；罗睺罗、根敦群培和帕勒拉赴萨迦派古寺俄尔寺考察，到该寺搜寻珍贵的梵文手稿。当穆克吉一行从拉萨返回临近俄尔寺时，根敦群培前去迎接。让穆克吉等人惊讶的是，根敦群培一改以往不修边幅的形象，衣着整洁如新，还戴起一顶精致的毡制藏式礼帽，颇有派头。他身边还有一位美丽的藏族女子。

见到考察归来的朋友，根敦群培高兴地迎了上去，热情问候道："好久不见！我亲爱的朋友们！"

穆克吉对他身旁的美丽姑娘很感兴趣，便忍不住悄声问他："你在哪里发现这朵野玫瑰的？"

"哈哈哈！"根敦群培毫不避讳地大笑道，"她是我的康女。"

这位年轻美丽的康巴女子名叫巴桑卓玛，根敦群培曾写过一首诗赞颂她："她的双眼像盛满的两杯波斯酒，她的面颊似克什米尔的苹果，她的发辫若沉重的神龙的身影。"根敦群培还为她画了不少速写图，可见那段时间，他们的关系还是比较亲密的。

不过，根敦群培相伴一生的伴侣并非这位美丽的巴桑卓玛，而是另有其人，名唤次旦玉珍。1941年，根敦群培从印度回西藏考察时，在昌都做了短暂停留，次旦玉珍正是在这时与根敦群培结缘。

当时，根敦群培住在一户汉族商人家，平素穿着一身马甲大褂，当地人都以为他是汉族人。玉珍的父亲爱好喝酒，玉珍经常去买酒，便认识了一位以卖酒为生的乍丫①商人昂果阿协。根敦群培经常到街上散步，也结识了昂果阿协。根敦群培的住处有一扇便于观望街景的窗户，那天下午，他不经意向窗外一瞥，竟在昂果阿协的酒摊前发现一位买酒的漂亮姑娘。她看起来二十出头，双眼像恒河水一样清澈，脸庞如苹果般红润，笑起来却像美酒般

---

① 乍丫：今西藏自治区察雅县，藏语"岩窝"的意思。

醉人，瞬间便捕获了根敦群培久未悸动的心。可惜的是，她买完酒便匆匆离开了。

当天夜里，这位昌都姑娘的倩影悄悄走进根敦群培梦中，仿佛圣山顶上升起的皎洁明月，久久地闪耀着光华。此后，根敦群培便常常在窗口留心观察，每每看到那熟悉的身影，便激动不已。日复一日，他竟看中了这位姑娘，誓要娶她为妻。

这天，她的倩影再次匆匆消失在熙攘的昌都街头，根敦群培立在窗口，怅然若失。半晌后，他实在按捺不住，便径直下楼找到昂果阿协，打听这位姑娘的情况。

"刚才在你这儿买酒的姑娘是谁？"根敦群培问道。

"哈哈哈！你这高僧莫不也动了心？"昂果阿协大笑道，"这位美丽的姑娘名叫次旦玉珍，她父亲名叫卓尼顿扎，母亲名叫扎雍，爷爷是一位医生，本是这里的望族。早年间，她父母去拉萨朝佛，没想到刚到没多久就生下了她。他们一家便在拉萨定居，直到玉珍十岁那年他们才回昌都。"

原本模糊的身影在昂果阿协的叙述下渐渐清晰起来，这让根敦群培更加难以自拔，他当即郑重地委托昂果阿协为他做媒。昂果阿协有着昌都人的直爽个性，痛快地答应下来。第二天，当玉珍再次来到昂果阿协酒摊前时，他笑意盈盈地对玉珍说了几句话，并指了指不远处楼上的一扇窗户。玉珍面带绯红地望去，正与殷切中带着一点儿慌张的根敦群培看个正着。

那一刻的对视，便决定了一生的生死相依。

这一年的玉珍刚满二十岁，根敦群培却已经三十八了，但这样的年龄差距丝毫没有阻挡爱火的燃烧。根敦群培和玉珍很快便从相识发展到相爱，并在玉珍父母不知情的情况下悄悄住在了一起。后来，玉珍的母亲知道了此事，却没有加以干涉。

近两个月，根敦群培因为还要随考察队其他队员一道返回印度，便万分不舍地嘱咐玉珍到拉萨居住，等他回来。这时，玉珍其实已经怀孕了，但是根敦群培尚不知情。根敦群培离开后，玉珍于1942年生下了一个美丽的小女孩，并为她取名：格吉央宗。

为了等待朝思暮想的爱人，一年以后，玉珍便带着不满两岁的格吉央宗离开昌都，随朋友一起到拉萨谋生。在拉萨，她们母女居无定所，过着四处流浪的生活。为了生存，玉珍跑到富人家里去当佣人，帮人家浣洗衣物，做青稞酒，打扫家务，等等。清苦地过了一段时间，一个名叫安多洛桑的人来了，他问玉珍从哪儿来，是否认识根敦群培。原来，这是根敦群培派来送信的朋友，他嘱咐玉珍搬到旺堆康萨去住，那里会有人照应她。此时，根敦群培依然不知道自己已经有了一个可爱的女儿。不过，当时玉珍与根敦群培的关系尚未公开，拉萨的局势也比较紧张，所以玉珍没有立刻搬去。过了一段时间，风声渐息，玉珍才将小央宗寄养在他人家里，独自一人搬到旺堆康萨去了。等她和根敦群培再相见，已是几年之后。

这一路，根敦群培还遇到不少奇人奇事，甚至遇到了强盗。在翻过多杂拉山口之后，他们一行人就地安营扎寨。就是在这里，他们遇到了一群匪徒！对此，穆克吉在文章里有详细的描述："这伙西藏强盗不是普通的匪徒，他们走近我们之后，和我们交谈，并开始点烟，烧茶，边吸烟喝茶，边仔细地观察我们的宿营地。我肩上扛着照相用的三脚支架，根敦群培向他们宣称：'我们是印度的大王，比你们所梦想的最富有的人还要富，他（穆克吉）肩上扛着一支特制的步枪，有三支枪管，射出的子弹能飞过大山，命中山那边的目标。'这帮匪徒听完根敦群培的话之后便离我们而去。第二天拂晓以前，根敦群培要了一支步枪，骑马奔驰出发。后来，我看见一支骑兵队接近我们的营地后勒住缰绳，我当时吓呆了，心想这帮匪徒又回来了。要是能见到我们的格西（根敦群培）那就平安无事了！他已到离营地八公里的地方去了，还带走了唯一的一支步枪，他全副武装，一点儿也不知道害怕。当他回来听说那帮匪徒暂时消失后，奉劝我们马上出发。于是，我们便回到了甘托克。时为9月25日。"[1]

---

[1] 杜永彬：《二十世纪西藏奇僧：人文主义先驱更敦群培大师评传》，北京：中国藏学出版社，2000年版，第97页。

佛陀·真理

"荒谬！世界怎么可能是圆的？"原本慈眉善目的高僧眉头突然皱在一处，不怒自威。

高僧身旁的中年僧人却回道："怎么不可能？哥伦布环游世界已经证明了这一点。"

"天圆地方，这是自古以来尽人皆知的真理！"高僧似是早已习惯了他的态度，也不在意，只在言语上不肯放松。

"说世界是平的、方的，这显然是不加分析的粗暴结论。"中年僧人毫不退让，"据说世界各地所有的古代宗教都只认为世界是平的，没有一个认为它是圆的。但是，知识之光是谁也挡不住的——哪怕有人在这条坚守真理的道路上被活活烧死！"

高僧不知道地球的形状，自然也对意大利科学家布鲁诺的遭遇无所耳闻。他生气地说道："一派胡言！佛陀曾说过：世界是平的！这你又怎么解释？"

"我们自己的教派与经典中，又何曾把'佛陀的说法'当作权威予以全盘接受呢？大多数经典都是由佛陀依照有情众生的思想加以阐述的，在这种情况下，我们并不知道什么是不确定的，什么是确定的。"中年僧人对高僧搬出佛陀嗤之以鼻。

高僧知道自己无论如何也说服不了眼前的中年僧人，他十年前就以失败告终，最后只能悻悻地摊手："根敦群培，我认输，你还是那么倔强和雄辩。"

这位与根敦群培激辩半晌的高僧，便是根敦群培当初在拉卜楞寺的上师——格西喜饶嘉措。1937年7月，刚来印度一年的根敦群培收到了上师的一封信，说他即将经过印度加尔各答，希望在出发前能与久未谋面的学生见一面。根敦群培许久未见故人，自是十分欣喜。让人没想到的是，两个同样争强好胜的人只寒暄了几句，便因言谈间偶然提及的"地球的形状"开始了激烈的争论。根敦群培根据自己所接受的现代知识和观念，确信地球是圆的，喜饶嘉措则根据以往经验，坚持认为世界是平的。一次重逢，就此变为一场辩论。

"吾爱吾师，吾更爱真理。"根敦群培是这句话的最佳践行者，以至于再次见到亦师亦友的格西喜饶嘉措时，他不是温情叙旧，而是如以前一样表达主张，与之争论起来。那些针锋相对的话并非出自高傲，而是这位僧人的生命激情已经被理性的思想火焰点燃。

其实，在1937年6月28日，他便以"正直的达磨"为笔名在《明镜报》上刊登过一篇题为《地球是圆的还是平的？》的短文，并附有一幅用藏文标明洲名的世界地图。文章中，根敦群培讽刺了过往宗教压制科学的阴暗历史，同时还提出了一些质疑："'世界非圆说'源自佛陀曾说：'世界是平的。'但这没有被其他'外道'教派当作权威来接受，因而也就没有带来一点烦恼和损害。假如佛陀按照有情众生的思想来解释各种类型的不确定的意义，仍然需要探讨。在佛陀时代，曾经偶然发生过僧人没有按照当时当地的习惯吃食物的情况，在俗人当中引起了轻微的不安，认为他制定的规定并不适当。当时，在整个世界上，'世界是平的'这种说法就像风一样著名。于是，即使是佛陀已经说过'世界是圆的'，又能进谁的耳朵呢？即使他已经明显地这样说了，照样不管用，即使他以自己神奇的力量证明了世界是圆的，也没有人能听进去。如今，在'世界是圆的'已是家喻户晓的时代，我们当中仍然有人说'这是你们的欺骗'。我断定他们还是不会相信，并且会以同样的方式说：'这是乔达摩的魔法诡计。'如果我们所有的人都相信我们亲眼所见的这个世界，而不是相信我们通过文字看到的那个世界，那该有多好啊！"①

除了在报上写评述文章，与恩师激烈辩论，根敦群培还在自己的著作《智游列国漫记》中专门写道："现在我向属于我的宗教的成员中那些诚实的和有远见的朋友提出真诚的探讨。被称为'科学'的新的推理的系统的观点，得到传播并在各个方向发展。在那些伟大的国家，无论是聪明的人还是愚蠢的人都说'这不是真的'，他们在许多人当中散播了不同的观点之后，全都已精疲力竭、保持沉默了。最后，甚至是那些比在乎自己的生命更加关心经典的文字解说的印度的婆罗门，也不得不无能为力地接受它。"②

科学与宗教，理性与信仰，这是纠缠了根敦群培一生的一对矛盾体。早在拉卜楞寺，根敦群培便以沉迷机械科学而出名，到了印度后，他得以接触到更多现代科学的理论著作，自然不会放过这一丰富自己的机会。很快，他对世界的认识便远超同期的西藏僧人，他在书中对"芥子纳须弥"提出了科学的解释："这些新推理的主张，并不单单是通过名声而确立的。例如，通过新的机器制造的望远镜，看数千英里之外的东西就像看自己手掌里的东西一样，同样，一副眼镜在观看拉近了的最小的原子时，就好像一座山那样大。"这些结合科技发展的精妙论述本是对佛法理论的现代发展，但对固守陈规多年的僧人来说，这样的话语无异于天方夜谭。

在和上师格西喜饶嘉措辩论时，根敦群培看到了那些"除了闭上自己的眼睛，对其他任何事都不去尝试"的人的影子。面对根敦群培所说的那些早已被世人证实并普遍了解的真理，向来慈眉善目并以宽厚著称的格西喜饶嘉措也表现得有些"冥顽"，甚至一度高声喊道："我可以把它（地球）压平！"但就像任何人都不能把阳光藏在自己的手里一样，那些容不下新制度的人最终都失败了。根敦群培还援引了至尊法称在《释量论》中的说法：

---

① 杜永彬译自根敦群培作品，原文见《明镜报》第10卷，第7—8号，1937年6月11日、6月28日。

② 根敦群培著，杜永彬译：《智游列国漫记》，载于《根敦群培著作》（第2册），拉萨：西藏藏文古籍出版社，1990年版，第166~168、172~173页。此节下同。

"在真理上犯错误的人无论怎样尝试都得不到改变,因为他们的头脑存在偏见。"在他看来,拒绝理性就是最大的偏见。

根敦群培讽刺那些不假思索、盲目排斥新兴思想之人:"当我们只要听到提及新的制度,就睁大眼睛说:'哦!这是异端邪说!是很危险的!假如我们毫无根据地相信新的推理,我们就会丧失一切对佛陀的信仰,成了外道。'这些话不过是反抗和顽固,并不会使我们进步。"当然,根敦群培的意思并不是完全抛弃信仰。这位生长于安多,成熟于拉萨,脱胎自印度,博采百家之长的学者,其出发点是兼容并包,落脚点则是裨益众生——"无论我们的上师(佛陀)传授过什么法旨,不论是真实本性,还是得道的好品质,绝对不需要在面对科学推理时感到羞愧。而且,佛教中的任何基本观点,都能够充当科学的基础。在外国人当中,许多相信科学的学者都产生了对佛陀的信仰,成为佛教徒,甚至还出家为僧。"

一场激烈的辩论后,根敦群培再次别过上师格西喜饶嘉措。这次辩论让根敦群培思虑良多,他回到住处后左思右想,心绪起伏。一方面,他"渴望单独写一本书来论述从这种新的推理(理性)的视角看待事物的种种益处";一方面,他又担心这将成为"他人的幻灭之源",在推广时也必然存在巨大的现实困难。最终,由于他手上尚有不少谋生与治学的工作要做,这项任务便暂时被放在一旁。

但无论世道如何晦暗,真理总会闪耀光华。在后来的教学生涯中,有学生被根敦群培的"科学—宗教"理论所震撼,便忍不住向他发问:"上师,按照您所说的,我们难道要放弃信仰,转而研究科学吗?"

根敦群培循循善诱道:"我对佛法的同情心并不亚于你们。只是,假如人们不需要教义的树干,那么我们的佛教知识之根就会完全毁灭,所以人们必须有远见。"

"您说的远见是……?"学生继续追问,根敦群培的理论已经在他们脑海中翻起层层波浪。

根敦群培知道这是他们勘破迷障的关键时刻,便收敛起一贯的不羁神态，正色解释道："首先，你要成为一个抛弃偏见、可以理性地识别'重要'与'不重要'的人。保持开明的头脑，你就可以用新的推理方式来更好地保护教义的存在。相反，如果你总是担心受到他人的挑战，你的行为就会趋于顽固和偏执，虽然这么做会得到一时安宁，还有看似众多的盟友，但这只是漫长历史中短暂的一瞬。正如在卓仓上部的仲德石碑所言：'祝福佛陀的教义和我的统治时期都像巨大的天空之中日月的光束一样万古长青。'请祈祷现代科学的理性与古代佛陀的教义一同继续存在万年。"

那段时间，根敦群培常向学生念诵这样一首诗，以歌颂那些信仰真理的不屈灵魂：

令人崇畏的真理裸露无疑，
决不使用欺骗做它的外衣。
这是学者坚贞不易的誓言，
纵使牺牲生命也要信守之。

根敦群培生活的时代是"旧事难继而新物未至"的时代，这样的时代并不欢迎"赤子"，不欢迎精神的活力。所以根敦群培的存在，是对时代的挑战。

挑战者的宿命就是在当世四处碰壁，却被后世牢牢铭记。

根敦群培对新事物的钟爱溢于言表，但他对传统的深情往往不为人知。就像印度之于他既是困顿生活的根源，也是饱满精神的源泉，传统对他而言既是一种负担，也是一座宝库。

曾有学生说："上师，从您的理论中，我看不出我们的传统文化有什么价值。"

"你为什么这么想呢？"根敦群培开解道，"传统文化层层积累的沉淀物既是西藏前进的负荷，也是燃料。就拿我们辩僧来说，即使是彼此针锋相对的观点，也都能在传统这个大仓库中为各自找到足够多的理论根据。"

"那您为何总是批判，而不是褒奖居多呢？"学生继续发问。

根敦群培叹了口气，缓缓答道："因为，若不能将前者之'糟粕'认清，那后者之'精华'也无从挖掘。很多人以为固守就是保存，保存就是传承。殊不知，若不能主动化去冰雪，哪能迎来春天？"

今天，我们强调"文化差异性"，也讲究"文化同一性"，传统给自然科学和社会发展带来的羁绊是如此明显。但在过去那种宗教文化氛围中，这些自然科学都是被边缘化的，仅仅作为宗教的附属品和宣扬宗教神圣性的工具。科学知识、机械技术、人文思想被牢牢地束缚其中，别说长足发展，就是短期创新都很难实现。这正是根敦群培深感忧虑的地方，在多年的游学过程中，他早已挣脱"佛学知识作为唯一值得学习和钻研的知识"的思想束缚，发现"更广阔的世界需要更多样且新颖的工具去领略"的道理。从这，我们也能看出根敦群培超越时代的卓识与远见。

西藏传统观念中，佛学知识和佛学观念是一切方法论的唯一起点，根敦群培却彻底改变了这个前提。自此，世俗性的思想成为根敦群培开始深耕的领域，这使他站在更全面而立体的立场，可以轻易发现传统理论体系中的不合情理之处。在今天的学者看来，这只是最普通的研究方法，但从整个思想史看，根敦群培的选择和坚持却是如此激动人心。只可惜，根敦群培的努力没有得到时代的支持，这自然也是"根敦群培悲剧"发生的重要原因。

根敦群培不羁的性格、狂放的言语引起了社会的不安，他对寺院传统教材的质疑也招来被迫离开寺庙的后果。他种种不合规矩的"旁门左道"，为他带来的多是漫天的非议、艰难的处境，甚至是直接的打骂。然而，根敦群培坚持道："如若唯恐违背他人观点而心生畏惧，岂能增强发展智慧的领悟能力？"

从这一点来说，根敦群培既是佛陀的虔诚弟子，也是真理的忠贞信徒。

金卷·信仰

根敦群培旅居南亚十二年，即使学习、游历、与罗睺罗协作考察和研究，仍然笔耕不辍，在对印度和中国西藏文化深入研究后著译了一系列作品。根敦群培的论著主要发表于当时的印度藏文报纸《明镜报》和英文刊物《摩诃菩提》。在这两份报刊上，他不仅向世人表达了独到的学术见解，也向世人展示了博大精深的藏族历史与文化。

不可否认的是，根敦群培在印度发表和出版的著译作品对促进中印文化的交流做出了重要的贡献。根敦群培周游四方，除了广阔交游、增长见闻，还保持了对文本与经卷的热情。他不仅收集散佚的古经卷，翻译梵文经典，还通过文章著述来记录自己的研究成果。

那些曾和他在辩经堂上唇枪舌剑的西藏僧友们，如今依旧在拉萨的寺院中按部就班地诵经念佛，根敦群培却在自己的道路上越走越远。如果说根敦群培走出西藏时是一位旅人、学者，此时，他已经是一位文豪、哲人了。

谈及根敦群培在印度期间的创作，自然要从《明镜报》说起。论及《明镜报》，则有必要先了解近代的藏文报纸发展。近代发行的藏文报纸主要有六种。在《明镜报》创办之前，已经有三种藏文报纸发行：一是德国人弗兰克于1904年在拉达克创办的《拉达克报》；二是清朝驻藏大臣联豫和帮办大臣张荫棠于1907年在拉萨创办的《西藏白话报》；三是中华民国蒙藏院（后改为蒙藏委员会）办报处于1913年在北京创办的《藏文白话报》。《明镜报》于1926年问世之后，还有两种藏文报纸发行：一是蒙藏委员会《蒙藏月报》编辑部于1931年在南京创办的《蒙藏月报》；二是国民党西康省党部于1941年在康定创办的《西康国民日报》。这几份藏文报纸便是各地藏族同胞了解西藏时事与文化的为数不多的窗口。

《明镜报》又译成《明镜》《镜报》《各地新闻明镜》，由印度籍藏族人库鲁塔钦于印度噶伦堡创办。噶伦堡位于大吉岭附近的山谷之中，是印度去往不丹西部和西藏的重要驿站。在这里，恬淡质朴的自然景观与熙攘的人群、往来的货物形成鲜明对比。1926年，塔钦在这里用油印机印制出版了第一份《明镜报》。《明镜报》所刊载的文章以发生在印度及周边地区的世界性事件为主题，同时也定期登载一系列宗教、文化方面的作品。

《明镜报》是在印度发行的最早的藏文报纸，它的出现，对沟通中国西藏和印度文化起到十分重要的作用。塔钦定期给十三世达赖喇嘛寄送一份《明镜报》，十三世达赖喇嘛因此对该报产生了兴趣，甚至专门拨出一笔经费予以支持和鼓励。后来，九世班禅也对《明镜报》表示关注，并写了一封信表示支持。此外，塔钦还出版了大量藏文小册子，用于教会学校的教学，也为学习藏语的人提供了方便。根敦群培了解到，这些小册子后来还成了居住在印度的藏族儿童的课本。不过，《明镜报》的"施主"主要是西藏上层的高僧大德，在拉萨只有少数人知道该报，所以它的影响力主要集中在旅居印度的藏族人圈子里。

初到印度，根敦群培便以"来自西藏的艺术家与学者"的身份被《明镜报》报道过。后来，受塔钦邀请，根敦群培在该报工作过一段时间，并于1936—1938年在《明镜报》上发表了许多评论性文章。在这些文章中，根敦群培就藏族传统学者针对他的某些观点进行了辩驳。由此，根敦群培虽已远离拉萨，但仍旧和西藏传统宗教界不断展开隔空对话。当那些曾在辩论场上被根敦群培辩得哑口无言的旧时僧友偶然间看到从印度寄来的《明镜报》时，报上根敦群培犀利的言辞再一次让他们目瞪口呆，却又毫无还手之力。

至于《摩诃菩提》，则是由"摩诃菩提协会"创办的一份英文刊物。该协会原名"佛陀伽耶摩诃菩提学会"，1891年5月由达摩波罗创立于锡兰首都科伦坡，其目的是收复并维护印度菩提伽耶等佛教圣地，并在全世界范围内复兴佛教。1891年6月，该协会派遣第一个传教团去菩提伽耶，10月，在该地首次召开国际佛教会议。1892年，该协会总部由科伦坡迁到印度加尔各答，同时出版《摩诃菩提与统一世界佛教》杂志。

作为一个国际性佛教组织，该协会在南亚和东南亚影响较大，并在日、英、德、美、澳大利亚和非洲成立了分会或传教中心。1936年，该协会成立摩诃菩提会青年联盟，同时出版发行了不同语种的三藏经典和书刊，其中就包括了《摩诃菩提》杂志。

摩诃菩提协会复兴佛教的愿景感染了根敦群培，当他看到该协会不断向世界各地派出博学的比丘传法弘道时，他的内心激动莫名。根敦群培在其作品中叙述道："摩诃菩提苏萨耶直，即佛教徒大集会，最初由拜达玛巴拉发起组织，总会设在加尔各答的达玛惹资嘎寺，分会设在印度的金刚座、波罗奈斯、德里[1]、玛达惹萨和阿吉麦惹等几个地区，以及英国伦敦、德国柏林、美国纽约和荷兰等几个国家的寺庙中。众佛教徒应当不顾自己的生命和财产，为弘扬佛法而贡献自己的力量。目前暂由这里的摩诃菩提不断派出精通佛学的比丘，作为佛教使者，前往世界各国讲说法旨、辩论经义和著书立说，四十六年来坚持了逐月印发译成英文佛法通讯的工作……"[2]因此，当《摩诃菩提》杂志向他约稿时，他毫不犹豫地答应了。

《明镜报》和《摩诃菩提》是根敦群培在印度发表著译作品的主要阵地，游学南亚的十二年中，他在《明镜报》发表了十篇作品，在《摩诃菩提》发表了六篇作品。根敦群培学术成就和学术影响，很大程度上要归功于这两种报刊。这两种报刊对保存根敦群培的作品也起了重要作用，根敦群培在印度发表的大部分作品，现在仍可找到。

在南亚，根敦群培除了学习和掌握英文、梵文、巴利文等语言工具，还

---
[1]德里：印度前首都，德里分为旧德里和新德里两部分，这里提到的是旧德里。
[2]根敦群培著，格桑曲批译：《根敦群培文论精选》，北京：中国藏学出版社，2012年版，第162~163页。

将主要精力放在对印度文明的考察、研究和翻译古典名著上，并取得了丰硕的著译成果。

1936年2月，穷困的根敦群培寄住于距大吉岭二十五公里的锡金查贡。困顿无助的生活并未浇灭他的创作热情。那段时间，在那个地处偏僻、交通不便的小镇，仿佛与世界隔离的根敦群培渐渐体会到：有时，孤独正是走向内心丰盈的捷径。

那里的确一无所有，却也因此给了他从零开始、慢慢构筑的机会。

当时，根敦群培用不太流利的英文写了一封信，声称他正在和诺杰翻译《罗摩衍那》，并且希望在罗睺罗的帮助下，结束《沙恭达罗》的翻译。为了消遣，他还将刻于阿育王石柱上的一则历史故事寄给了"住在麦如（妙高山）的安多活佛"。两周之后，他又用藏文写了一封信，再次重申了自己翻译《沙恭达罗》的愿望，因为"其他任何一个人要将这部作品准确地译成藏文都是十分困难的"。既然他有这个能力，也有这份心愿，自然当仁不让。

可惜的是，根敦群培期盼多时的资助并未及时到来。第二年春天，根敦群培返回原来的住所——大吉岭的"喜马拉雅佛教徒之家"。长期辗转各地的生活仿佛一场没有期限的放逐，动荡中，根敦群培不禁对自己的这场远游产生了一丝动摇，好在他还有经卷和笔杆。大吉岭怡人的夏天刚结束，根敦群培便又写出了一篇名作。应塔钦之邀，他在10月的报纸上发表了一首简短的讽刺诗，题为《俗语嵌字诗》，署名为"以达磨之名出现的一种身份"。是年年底，根敦群培又在《明镜报》发表了两篇关于藏文字体起源的文章。

至于根敦群培朝思暮想的"有钱朋友"罗睺罗，这年5月6日便到达萨迦，这是他第三次进藏。他在萨迦观看了该寺收藏的梵文贝叶经，还顺道参观了著名的俄尔寺。8月，根敦群培再次写信给住在江孜的罗睺罗，对他有幸目睹《释量论》的梵文手稿表示祝贺——只有他们知道，那古老的文字所承载的究竟是什么。同时，根敦群培也用卑微的姿态提醒他不要忘了自己这个穷困的朋友。

第二年春天，罗睺罗又收到根敦群培从噶伦堡寄来的一张明信片。彼时，根敦群培由于长期缺乏资助，已决定寄住在塔钦家。根敦群培和塔钦打算合作将《十三世达赖喇嘛传》的一部分译成英文。那段时间，他们每天一道工作三个多小时。根敦群培精通藏文，塔钦的英文则比根敦群培略胜一筹，因此二人既是合作，也是相互学习。闲暇时，根敦群培还去噶伦堡教会学校，教授住在该校的西藏儿童一些基本的文化知识。

罗睺罗并未对根敦群培的处境多做反应，他当时应苏联科学院的邀请，正准备前往列宁格勒（今圣彼得堡）进行为期两个月的学术访问。临行前，他建议根敦群培将巴特那博物馆附设图书馆所收藏的藏文文献编写出一份总目录。考虑到相对丰厚的报酬，根敦群培接受了他的建议。设于该博物馆的《比哈尔和奥里萨研究会杂志》对此有明确记载："指定达磨瓦达拉喇嘛（即根敦群培）为该图书馆的藏文文献编写目录，他接受了此项任务，故支付他一笔总数为三百卢比的报酬。"[①]这笔报酬暂时改善了根敦群培在印度的境况，但他仍旧不时要担心自己再次过上朝不保夕的生活。为此，他不得不加快自己的创作节奏。

1938年2月，根敦群培在《明镜报》发表了一篇文章分析藏文草书的发展演变历史。后来，他又在瓦拉纳西的卡西比德阿比达继续学习了六个月的梵文、巴利文和英文。据当时与根敦群培一道学习，后任那烂陀学院院长的达磨拉特纳回忆："当时我很年轻，还不能判断和评价他（根敦群培）的学识，但是，后来我就闻知了他的美名。在卡西比德阿比达，他已经找到了一位很好的梵文和巴利文上师。他先使用一部字典进行翻译，然后再向上师请教疑难问题。"[②]

1938年10月，根敦群培又出了新作，他在《明镜报》上发表了《吐蕃历史述要》，主要利用藏汉文献和考古资料，对吐蕃历史进行了较为详细的考证。第二年1月，他又在《明镜报》发表了《边境地区地名的演变》。另外，在噶伦堡期间，根敦群培还通过塔钦为法国藏学家巴考解读了存在疑点的敦煌藏文卷子。

[①]［法］海德·斯多达：《安多的托钵僧》，巴黎第十大学人类学研究会，1985年版，第350页。

[②]同上，第184页。

1939年8月至1941年8月，根敦群培在《摩诃菩提》上用英文发表了六篇文章。由于是首次使用英文创作，根敦群培在遣词用句上十分小心，这位严谨的安多学者不希望自己在异国他乡成为别人的笑柄。这六篇文章中，第一篇记述了他从青海至拉萨的旅程；第二篇写的是圣城拉萨；第三篇的结尾写道，"长期以来，我一直希望了解和认识西藏之外的世界，这是一个难于进入的领域，正是基于这个原因，我把这篇文章推荐给读者"；第四篇论述了六世达赖喇嘛仓央嘉措的生平；第五篇叙述了8世纪向西藏传播佛教的印度"班智达"瓦纳拉塔那的生平；第六篇描写的是《摩诃菩提》的出版发行人之一格西群培。在这六篇文章中，我们第一次看到根敦群培对自拉萨启程后的游历生涯的自我描述。虽然言辞间颇为克制，但我们还是能从中看出他这一路的辛酸与不易。

两年的笔耕不辍让根敦群培收获了安稳的内心，但世事往往比内心善变。1940年2月，因塔钦要去拉萨，根敦群培便离开噶伦堡，应俄国藏学家罗列赫之邀，搬到他在纳嘎尔的家中居住，以便合作翻译藏文史学名著《青史》。

后来，根敦群培在瓦拉纳西唯识学院学习巴利文，孟加拉皇家亚细亚学会利用他来整理翻译学会搜集到的藏文资料，他也充当了班第达桑克拉提亚那在巴特那图书馆研究藏学的助手。根敦群培师从一位库奴喇嘛丹津坚参学梵文，这位喇嘛对别人说根敦群培是他教过的学生里最聪明的，他一天所记住的东西连教他的上师也得花几周时间。根敦群培学好梵文后，把喀利达所著《沙恭达罗》等译为藏文。

1941年，根敦群培出版了在大吉岭完成的译作《薄伽梵歌》的节译。1944年，他出版了"上座部"的著名佛经《法句经》的藏文译本，这是他在岛国锡兰的吉祥宝剑山寺用一个冬天翻译的。他在诗中表达了完成这部译作的喜悦心情："认识遥远而熟悉的家乡，并得到了前世的缘分，劫尽也要使佛经圆满，完成新译的喜悦怎能表达？"同时，他也认为自己是一位古代翻译家的转世："后世缓行的一位译师，亲自披览过梵文经典，八百年间未到过印度，现在终于到了摩揭陀。"

文心·语思

　　根敦群培自幼便显露出千里挑一的语言天赋：最初在亚马扎西齐寺诵读梵文诗词，之后在底察寺接触到汉语，几年后又到拉卜楞寺向传教士朋友学习英文……他的人生每迁徙一次，他的语言武器便会增加一件。在印度游学多年后，他不仅在史学和佛学造诣上不断精进，在语言上，他也慢慢成长为一位真正的专家。他先后学会了汉语、英文、梵文、僧伽罗文、印地文和巴利文等十三种语言。

　　对根敦群培而言，语言是求学与精进的基础。如此丰富的"武器库"让根敦群培的学术研究如鱼得水，《各地的古今文字》《关于藏文的结构》《藏文草书源于楷书体》《印度语言论》《藏语教程》《藏文文法散论》《梵文宝库》等，都是根敦群培所撰写的语言学论著。从某种意义上说，正是由于精通多种语言，根敦群培才能够取得大多数同时代学者难以企及的学术成就。

　　藏文自然是根敦群培语言学研究的首要对象。很多人对枯燥的文字研究颇为不耐，殊不知，语言文字正是民族文化的基础。若是一个人对于自己每天使用的语言从何而来都不了解，又怎能期待他热爱自己的民族和民族文化呢？一个不重视语言文字的民族，一定是缺乏向心力，难以在时代夹缝中站稳脚跟的民族。在印度游历期间，常常要说起多种语言的根敦群培对此感触最深。论普及，藏语不如英文；论底蕴，藏语又不如梵文。每每与人交谈，根敦群培下意识脱口而出一些藏语词汇，而对方却一脸茫然，这时，他便更加坚定了要保护并振兴藏语的信念。

当然，丰满的理想需要恒常的愿景与努力才能抵抗骨感的现实。根敦群培振兴民族文字的愿望，要从厘清藏文的起源开始。在根敦群培之前的时代，人们普遍认为：藏文字母是吐蕃大臣吞弥·桑布扎根据"兰札字"创制了藏文的楷书（有头字），根据"乌尔都字"创制了草书（无头字）而形成的。但这种"公论"引起了根敦群培的怀疑，长居印度期间，他根据手头丰富的古代文献资料驳斥了这种解释："那只不过是一种无稽之谈……古代史学家如象桂译师迅努贝，并没有提到过上述观点，杰出的学术大师布敦也只是说，藏文字体是以一种克什米尔字体为蓝本创制的，并没有暗示从一开始就同时创制了这两种风格的藏文字体。"[1]出于严谨，根敦群培还在论述中附上了藏文由楷书发展到草书这一过程的不同阶段的图表。

显然，根敦群培并非单纯埋首经卷的学究派，他的学术研究大都有一定的经世致用的成分。他对藏语的使用与流传的研究很大程度上也是出于对民族团结、社会稳定的考量。他曾建议说："自开始雕刻、印刷经典之时起，其字形与正字等同一传统规矩，大都一成不变地保留下来。只要我们今后能长期坚持凭信论典中的术语和佛典语言，那么，整个西藏地区的语言也就能够保持长久的统一。"[2]

他相信，只要保证藏语使用过程中以"论典"为标准，那即使将一部用佛典语言撰写的经函由阿里带到安多地区，人们也能毫无障碍地诵读，并理解其意。根敦群培提出这一建议是极有远见的，如果以当时某些外国人的作为——或用卫藏方言，或用拉达克方言等，随心所欲地编写成语词典和经函——一旦这种风气蔓延开来，那各地方言的差别势必会导致藏语共同语言

---

[1]根敦群培：《藏文草书源于楷书体》，载于《明镜报》，1938年1月2日。
[2]更敦群培著，格桑曲批译：《白史》，载于《更敦群培文集精要》，北京：中国藏学出版社，1996年版，第171～172页。

（书面语）的肢解。根敦群培很有远见地提出警告：长久下去，由于语言文字互不相同，必然会导致思想与行为上的彼此误解，最终将成为藏民族走向内部分裂的发端。他不止一次提到："一旦某一种新的方言在西藏各地盛行，则我们用佛典语言编著的浩如烟海的经部、续部、五明处等典籍，必将日渐成为无人能读懂的废纸堆。对这种恶劣的风气，愿诸君都能慎重提防。"[1]他在这段论述中提出了"佛典语言"，并且阐明了两个重要观点，一是书面语与口语的关系；二是统一藏语方言，推广藏语普通话的重要性。根敦群培抓住了藏语文使用中的关键问题，提出了精辟的见解。

作为一位博学的智者，除了藏语，根敦群培还对印度各语系产生了浓厚的兴趣。从广义上说，印度语言可分为四个语系，即达罗毗语系、印度—伊朗语系（雅利安语系或印欧语系）、南亚语系和汉藏语系。其主要语言有十五种，即印地语、孟加拉语、泰卢固语、马拉地语、泰米尔语、乌尔都语、梵语等。而自18世纪印度沦为英国的殖民地后，英语便成了印度的官方语言。所以，印度是名副其实的"语言博物馆"。

根敦群培在南亚的十二年中，为了了解和研究佛教与印度文明，在语言上下了很大功夫。他曾对自己相对熟悉的语言进行比较研究，并指出："黄头发的波斯人和西洋人的语言亦属印度梵语（雅语）的音变语。例如，藏语'口'字的梵文对字'毗札'，西洋人称作'巴札'；缅甸人也称作'巴札'；意大利人称作'巴直'；法兰西人则称作'毗热'。而且所有外国语的本源拉丁语，大体上都是印度梵语，其文字也与印度孔雀王朝时期的字形十分相像，不熟悉的人看了还以为搞混淆了。"[2]这段论述，恰恰显示了根敦群培渊博的语言学知识。

根敦群培还通过语言的比较研究，澄清了关于雅利安种姓的误解："居

---

[1] 更敦群培著，格桑曲批译：《白史》，载于《更敦群培文集精要》，北京：中国藏学出版社，1996年版，第171～172页。

[2] 更敦群培著，格桑曲批译：《关于男女饮食及器物》，载于《更敦群培文集精要》，北京：中国藏学出版社，1996年版，第20～21页。

住在西北部边远地区的依惹尼雅族和阿拉伯的蔑栗车人的语言，尤其是在他们的书面语中，有许多梵语的音变语；在伊斯兰教经典《古兰经》中，亦可找到很多音变梵语。那么，所谓'指阿尔雅种姓（刹帝利）和君主'一句，雅利安亦应理解为种姓的名称。许多人将雅利安当作种姓的对字，将密宗事部三怙主写作'三阿尔雅'，这是完全错误的。"[1]

根敦群培对语言学的研究并非只是纸面上的个人建设，即便是如此学术的领域，他依然要对抗来自外界的压力。他关于藏文起源的看法就受到传统学者的打压，直到20世纪80年代，对其学术观点的应援声依然寥寥。但即便长期身为"孤家寡人"，他也从未放弃作为一个有良知的学者的铮铮傲骨。

根敦群培不仅研究语言，同时也是运用语言的高手。他可以说是西藏近代最著名的诗人之一。西藏历来称赞诗人，在一千多年的历史中，西藏雄辩诗的传统得到了长足的发展。而始于古赞普时代的歌谣和挽诗，经由将佛教传入西藏的梵文诗和梵文诗学的翻译而得到大范围普及。不过，纷繁多样的印度诗词形式并没有使西藏本土的声音缄默——西藏的诗人学会了梵文诗学的艺术手法，并将它融入到藏文的诗词创作中。因而，即便在印度佛教已传入西藏一千多年之后，这种声音依旧嘹亮高亢。

在近代历史上，根敦群培便是这种西藏本土声音的最佳代表。他在短暂而充满争议的人生历程中，既吸引了无数称赞与喝彩，也招来了数不尽的苛责与批判。但无论是他的支持者，还是他的对手，都至少有一个共识，那就是：他是一位完美的诗人。

根敦群培是藏诗多种韵文形式的大师，其古代抒情诗、印度古典诗论、字母诗（嵌字诗）、宗教经验歌谣（道歌）等作品皆十分出众。另外，他还以其幽默的双关语、俏皮话，以及激发悲悯和嘲讽情绪的能力被称为"诗词技巧最娴熟的安多诗人"。根敦群培的词汇量巨大，就像他的佛教知识和西藏历

---

[1] 更敦群培著，格桑曲批译：《关于男女饮食及器物》，载于《更敦群培文集精要》，北京：中国藏学出版社，1996年版，第24页。

史底蕴一样，他常常只用一个单词来承载丰富的隐喻，有时还采用一种古体的拼写，让人联想起那些更早的传奇时代。如果诗学可以被视为人类语言的最高形式，那根敦群培当之无愧是西藏最伟大的"吟游诗人"。

根敦群培一生都在写诗，从青海热贡的那间山顶寺庙开始，每到一处新地方，他便迫不及待地将眼中所见、心中所感用优美的文字表达出来，因此他的大多数诗词都具有半自传的特征。他经常在作品中记叙生活中遇到的不平常事件。根敦群培首次来到拉萨几年之后，他的堂兄在一次意外中去世，他便饱含深情地为堂兄写了一首悼亡诗，其中包含这样几句：

> 亲爱的童年玩伴，
> 你曾照耀着我的半颗心脏；
> 当你那年轻的花朵盛开时，
> 我们心灵的溪水便交汇在一起。
> 只是现在的你啊，
> 正在六道中哪一处？

当然，诗词韵文对他而言不仅是日记，有时也是他表达思想的工具。在关于古代西藏政权（吐蕃政权）的一些诗作中，他以生动的文字表达了自己恰当的历史认知，从下面这首诗中便能看出：

> 据说西藏军人都是红脸魔鬼，
> 他们以滋长的勇气和自己的性命做抵押，
> 在愤怒马头明王的指挥下，
> 曾征服了世界上三分之二的土地。

根敦群培的诗意是直白而强烈的，在锡兰期间，他曾伴随着四处乞讨的僧伽罗僧人周游，他们一无所有的双手与十善具足的内心让他感动不已，他为此写道："我认为，'我独自目睹了我们的慈悲上师的这份遗产。'在许多场合，我的双眼充满了泪水，于是我只好坐在地上待一会儿。"关于他在锡兰岁月的另一首诗中，他更是毫不掩饰自己对这里的钟爱：

> 虽然这个僧人的袈裟早已消失，
> 寺院戒律的修持也不见踪影，
> 但是和老僧人们的这次相遇与欢聚，
> 定是前世功德带来的福报。

但是，诗人注定是落寞的。根敦群培常常在诗作中将自己描述成孤独且被遗忘的那个人。尽管他有时与同伴一道旅行，但总体而言他还是花更多日子独自游荡。故而，"不熟悉"这个词便经常出现在他的诗词中。根敦群培经常描写自己在一片陌生的土地上迷失自我的情形，他的孤独感因他担心被故乡遗忘而加深。绝望与怨恨交织在一起，他担心自己所写的作品被寄送给"看不见的朋友"后，不会得到欣赏和感谢。

他在《智游列国漫记》的结尾长诗的开头几句写道：

> 这疲惫的双脚走过多沙的南方平原，
> 穿越那被黑色海子环绕的土地边境，
> 抽出我的生命之线——珍贵并钟爱的——透过剑的利刃，
> 诸费时日，遍尝艰辛，终于完成了这本书。
> 虽然并没有一个人请我写作，
> ——带着权贵或金制曼陀罗的指令，
> 但是我还是默默承受重荷，写下了这一切，
> 唯愿知识的宝库，永远不要消失！

他对于"被遗忘"的担心不是完全没有理由的。根敦群培的作品，包括《智游列国漫记》和他的许多诗词，在他去世之后近四十年中都没有出版，直到1990年才得以面世。他在世时，一些作品，如《度圣地朝圣指南》等

已经出版，而其他作品，如《欲经》，则以手抄本的形式流传。他的许多诗词是通过那些听说过的人的记忆和口传才保存下来的。当他在印度创作这些诗词时，出版社并没有将其介绍到西藏。这些书需要以手工雕刻的木刻板印制，这一流程需要财力或一个资助者施主，但是他二者都不具备。

  但是，就像他在其他领域取得成就却不被理解一样，终其一生，根敦群培虽然时有孤独愤懑，却终究从未动摇。

革命·金刚

谈及根敦群培坎坷的一生，就无法绕过"西藏革命"。那是一个动荡的年代，无人可以置身事外。即便根敦群培远游印度，十数载未归，却终究无法逃离被卷入西藏革命旋涡的命运。

那段时间，西藏正在经历其历史上极为动荡的一段岁月。20世纪上半叶，受世界革命形势和亚洲民族民主革命运动的影响，西藏的有识之士曾进行过三次变革的尝试，力图改造西藏的政教合一制度，为噶厦注入活力，使藏民族跟上时代的步伐。

第一次变革发生在20世纪20年代中期，由察绒·达桑占堆为首的藏军集团发动。其目的是扩充藏军数量，改良藏军装备，扩充西藏武装力量，同时学习和借鉴西方的先进技术，仿效西方的生活方式，适度推行西方的价值观念，以开放的姿态对待外来文化和现代文明。

第二次变革发生在1934年，由孜巴龙夏·多吉次杰为首的"求幸福者同盟"发起。其宗旨是要改革噶厦机构，变革西藏的行政体制。龙夏希望以四年一届的任期制来取代噶伦的终身制，并希望由"民众大会"来选举噶伦，从而使噶伦向"民众大会"负责。龙夏的政治主张比察绒的变革主张前进了一步，但是，龙夏是把"他的现代化和改革的见解隐藏在传统的价值观念中进行的"，因而还不够彻底。

第三次变革发生在20世纪40年代初期，由邦达饶嘎为首的西藏革命党发起。其宗旨是推翻封建农奴制度，建立进步和民主的西藏。显然，西藏革命党的政治主张比龙夏为首的"求幸福者同盟"前进了一大步。虽然这三次变革都因政教势力的强大、僧侣和贵族等保守力量占上风而失败，但是，其推动西藏走向近代化的功绩是不能抹杀的。

在印度旅居期间，深受印度民族民主革命运动熏陶的根敦群培，便在这里与第三次变革的主力西藏革命党进行了密切的来往——这也成为他后来身陷囹圄的导火索。

西藏革命党是该党的汉文名称，其藏文名为"西藏西部改良党"。1939年，邦达饶嘎、江乐金·索朗杰波和土登贡培于印度北部边境城镇噶伦堡创建西藏革命党，主要在噶伦堡和大吉岭一带活动——这正是根敦群培在印度的长期居住地。这块富饶而怡人的土地由于其贯通东西的重要地理位置，令拥有各种追求的人物会聚到一起，促使他们擦出无数思想的火花。从某种意义上来说，根敦群培便是这种火花的"牺牲者"。

首先来了解一下西藏革命党的行动纲领，它很有近现代民主革命的色彩："我们必须首先把'三民主义'和总统的命令付诸行动。我们必须在一切言论和行动方面同'三民主义'和'中央政府'保持一致"[1]；"我们必须尽自己的最大努力使西藏从现存的专制政府中解放出来。我们还必须遵循世界上其他进步和民主的民族和国家，特别是民主的中华民国中央政府的方法行事"[2]。他们的政治目标不仅是对当时的摄政统治进行变革，而且要对西藏的政教合一制度和封建农奴制社会进行革命性的改造和重建。

西藏革命党的成员多是在政治上受到噶厦迫害的"政治犯"，邦达饶嘎因卷入邦达家族在康区发动的一场反叛噶厦的暴动，于1936年逃往印度；土登贡培和江乐金则在1933年十三世达赖喇嘛圆寂之后被捕，后被流放到边境地区，"当他们俩看见其他被流放和革职的政治犯相继被免刑，并重新进

---

[1] 杜永彬：《二十世纪西藏奇僧：人文主义先驱更敦群培大师评传》，北京：中国藏学出版社，2000年版，第108页。

[2] 同上。

入政府，而他们甚至连返回拉萨的要求都得不到准许时，非常失望和忿懑，1937年12月，他们偷偷逃到了印度"。①

邦达饶嘎本来是国民政府蒙藏委员会的成员，因此关于该党的政治目的，美国学者梅·戈尔斯坦认为："他们试图寻求国民党的帮助，建立一个在中华民国全面控制之下的西藏自治共和国。"邦达饶嘎是一位孙中山政治思想的虔诚信仰者，他曾将孙中山的一些较为重要的著作如《三民主义》译成藏文。但法国藏学家海德于1974年在噶伦堡对饶嘎进行的访谈似乎更接近事实，我们能够从中洞察饶嘎的真正心思和动机："本党并不依附于国民党，本党旨在将改革引进西藏，因为，如果西藏不改变其政体，就不可能抵抗来自外部的入侵，我同样拥有并且一直拥有一本马克思的《宣言》的复制本，但是我并没有将它译成藏文，我们甚至没有来得及按照其要求组织这个党。"②

当时的饶嘎并不看好国民党政府，他认为国民党党员腐败堕落，是"暴发户和易受影响的人"，他追求的是"真正的西藏"的前途，但同时他又在花费国民党给的巨额款项。他是一个敏锐而聪明的人。严格来说，邦达饶嘎是用国民党的钱来组织和管理西藏革命党的，而其活动的目的不是推翻现有噶厦地方政权，而是对其进行实质性的改革。

由此可知，西藏革命党旨在对西藏的政治制度进行改革，反对专制。追求进步与民主是他们的目标与理想，这与根敦群培的政治理念相吻合，这正是他与邦达饶嘎等人过从甚密的原因。

1934年，根敦群培先于邦达饶嘎等人到达印度。根敦群培在印度期间长居于噶伦堡，邦达饶嘎等人到达印度后，也以这里为活动据点，根敦群培就是在这里与邦达饶嘎等人相识的。

---

① [美] 梅·戈尔斯坦著，杜永彬译：《西藏现代史（1913—1951）：喇嘛王国的覆灭》，北京：中国藏学出版社，1989年版，第465页。
② [法] 海德·斯多达：《安多的托钵僧》，巴黎第十大学人类学研究会，1985年版，第103页。

当时，邦达饶嘎在噶伦堡的住所成为讨论西藏前途和命运的一个中心。根敦群培经常到那里参与他们的讨论。

"西藏已经到了必须改革的关口！再迟一步，就要永远落后于整个世界。"这是邦达饶嘎在那段时间里经常说起的话。

对此，根敦群培颇为赞同，他痛心地捶了两下手掌："是的！现在的西藏，从文化到科技都被其他地区远远甩在了身后！但那些当政者却依然故步自封！可叹！可悲！"

邦达饶嘎似是找到了知音，快步上前用双手扶住根敦群培的肩膀，激动道："你说得太对了！正是迂腐的噶厦让西藏陷入了这般境地！我们必须想办法改变西藏的现状！"

就这样，他们就西藏改革的必要性进行了多次长谈。常在这里聚会的有土登贡培、江乐金·索朗杰波、阿布杜尔·瓦赫德、平措汪杰和他的朋友格桑泽仁以及达拉·多吉尼玛[①]，他们都为邦达饶嘎的激情与根敦群培的博学所倾倒。

根敦群培崇尚现代文明，主张对西藏进行改革。虽然他没有激进到想组建一支政党，更谈不上是噶厦的政治犯或"持不同政见者"，但其政治理想和抱负与邦达饶嘎等人相近。对西藏的政教合一体制进行改革的共同目标把他们联系在一起。那段时间里，以邦达饶嘎为首的西藏革命党成员不仅印制了《党员申请表格》《党员登记卡》和具有党章性质的《西藏革命党简要协定》，而且还设计制作了与苏联共产党党徽非常相似的西藏革命党党徽。据说，这党徽就是由擅长绘画的根敦群培构思设计的。

邦达饶嘎十分看重根敦群培身上的诸多才能。他心知根敦群培对西藏革命党的帮助远不止嘴上空谈。1945年，当根敦群培离开印度经山南错那返藏时，他专门在错那住了一个多月，详细考察了位于中印边境的错那的历史和地理环境，并绘制了一幅地图。邦达饶嘎称，这幅地图是西藏革命党委托根敦群培绘制的："当我与根敦群培建立联系时，他正在与塔钦合作，将一部

[①] [法] 海德·斯多达，《安多的托钵僧》，巴黎第十大学人类学研究会，1985年版，第215页。

关于十三世达赖喇嘛的藏文作品翻译成英文。他是一位地图绘制者,所绘制的地图是如此精巧,以至于看上去就像是印制的。因此,我们便请求他绘制一幅西藏与印度交界的边境地区的地图。"

根敦群培归藏后,因牵扯到西藏革命党而被噶厦逮捕,他的追随者为了保护他,便在公开场合极力撇清他和西藏革命党的关系。因而,事过境迁,根敦群培与西藏革命党的确切关系,便产生了至少两种说法。

其一,根敦群培的弟子和朋友断定他不是西藏革命党党员。

据海德说,她在采访几位见证人时,他们认为根敦群培天真幼稚,是邦达饶嘎逼迫他成为"西藏进步党"(即西藏革命党)的党员,他返回拉萨实际上是有人策划的一个阴谋。海德声称:"几乎可以肯定,根敦群培并不知道'西藏进步党'的确切职能和作用,对邦达饶嘎与国民党之间所保持的密切关系也茫然无知,无论如何,当邦达饶嘎第一次前往加尔各答住在达克尔和斯平克家里时,根敦群培已在拉萨定居。饶嘎断定,他的朋友与他们一道工作,他们帮助他绘制了这幅地图,但是,他既没有在宣言上签字,也不是该党的党员。在拉萨,当根敦群培受到审讯时,他签署了一份声明,否认他曾参加过'西藏进步党',据一些见证人说,当噶厦最终确认他的声明是真实可靠的时,他才获得了自由。"[①]

据海德叙述,1974年冬,在噶伦堡进行一次访谈时,邦达饶嘎谈道:"1945年,我在噶伦堡第一次见到根敦群培。当时,我力图最大限度地把知识分子联合起来,我与他建立了联系,并邀请他帮助我们在拉萨组织这个政党。当时这涉及一个秘密的行动,这个行动要在噶伦堡和拉萨召集三四百人。我担任主席,江乐金和贡培任秘书。在印度,我并没有真正尽力去捍卫这个秘密的行动,因为斗争的结果,将在印度的报纸上就建立一个政党的自由的问题展开一场大辩论。我并没有表示同意,但是,同样做了一切工作。

---

① [法]海德·斯多达:《安多的托钵僧》,巴黎第十大学人类学研究会,1985年版,第227页。

这就是我向达克尔和斯平克发去订货单的原因。英国人企图使这个民族保持在一种下等地位，他们没有丝毫加以改善的愿望。这正是达克尔和斯平克印刷所通知警方的原因。该党被解散后，根敦群培虽然不是该党的党员，仍然遭到监禁。"①

其二，据海德调查，住在噶伦堡的另一些见证人承认，根敦群培与国民党和邦达饶嘎的西藏革命党建立了不牢固的联系。戈尔斯坦也认为，根敦群培加入了西藏革命党。他写道："该组织的主要成员包括江乐金·索朗杰波、土登贡培，以及不太活跃、才华横溢而放荡的喇嘛、学者和反叛者根敦群培。""根敦群培是该党的第四位著名成员……"②还有几位与根敦群培相识的人都证实，他曾从饶嘎那里领取薪金。据扎西贝拉回忆，根敦群培曾说，饶嘎每月给他送来四百到五百卢比。

从根敦群培与西藏革命党建立密切联系，为该党设计党徽，绘制地图等行动及其变革思想来看，他很可能曾经加入了西藏革命党。不过，他究竟有没有加入这个政党并不重要，这种根敦群培"必须属于哪一派"的思维定式模糊了我们的视线，以致我们很难还原根敦群培其人其事。其实，从这一系列事件中，我们只需要看清一点：在那个动荡的年代里，根敦群培为世人树立了这样一个形象——起身站立，慷慨陈词，向陈腐制度发出诘难，没有丝毫退缩。

---

① [法]海德·斯多达：《安多的托钵僧》，巴黎第十大学人类学研究会，1985年版，第102页。
② [美]梅·戈尔斯坦著，杜永彬译：《西藏现代史（1913—1951）：喇嘛王国的覆灭》，北京：中国藏学出版社，1989年版，第463页、第465页。

主见·参悟

根敦群培是一个极有主见的人。但是，在很多人眼中，他那不叫主见，而是偏执。而在另一部分人眼中，这位固执于理性思辨的高僧，其实也是感性而温情的。这些特质融合在同一个人身上，便交织成一种独具魅力的奇特人格。

从根敦群培一生中从不曾间断的艺术实践角度来看，他的这种理性与感性的奇妙交织恰如其分。根据曾与之同行考察西藏的印度摄影师帕尼·穆克杰回忆：他与根敦群培、热胡拉、坎瓦·克日西那从印度到萨迦寺等地考察时，根敦群培对他和坎瓦·克日西那说最重要的艺术创造力是"专注"，即让思想完全被所描绘的对象吸引住，达到忘我的境界。

"我的脸变红了吗？"一天，为了给他们具象地解释"专注"的概念，根敦群培到市场上买了一瓶酒。僧人喝酒本已是犯忌，但他毫不在乎地拿起酒便痛饮起来，边喝还边问旁人自己的脸色如何。

"还可以。"帕尼·穆克杰不知道根敦群培葫芦里卖的什么药，只能如实回答。

"哈哈哈！看来喝得还不够！"根敦群培闻言又自顾自地喝起来。

等酒瓶中只剩下最后一滴酒时，根敦群培已醉得有些踉跄了。就在大家以为这位高僧要出洋相时，根敦群培却一脸肃穆地脱掉外衣，静坐下来开始绘画。

"您都醉成这样了，还要作画吗？"帕尼·穆克杰关切地问道。

根敦群培并不回答，他微笑着伸出食指放在沙土地上，用一根不间断的线条行云流水般疾驰着。不一会儿，一个完美的男人形象便出现在地上——自始至终，他的食指都没有离开地面。对此，帕尼·穆克杰目瞪口呆，周围人纷纷拍手称好。

根敦群培这种"随性"与"专注"并存的个性在从事艺术创作时让人感到无与伦比的美妙，但若是涉及理性思辨，则会让旁人觉得很有压力，甚至是锋利。其实，根敦群培并非一直锋利得与周遭世界格格不入。尼采称"通向智慧之路"有三个必经的阶段，即"合群时期""沙漠时期"和"创造时期"。1920年以前，根敦群培同家乡的其他僧人一样，崇敬、顺从、效仿高僧和活佛，这可称为"合群时期"。真正的转变自1920年开始，这时，根敦群培入拉卜楞寺学经，他对该寺不可动摇的权威教材，即历世嘉木样活佛对"五部大论"的注疏发起挑战，并通过结识传教士格雷贝娄和制作机械船初步接触到现代文明，因此对神圣的佛法提出疑问。1927年到拉萨入哲蚌寺后，他继续对嘉木样的佛学著作提出质疑，对佛学大师格西喜饶嘉措的佛法教学方式和内容也不以为然。根敦群培在这些年所采取的这种离经叛道之举，表明他在安多时期所形成的佛教神学史观已经动摇，开始向人文史观转变，"崇敬之心开始破碎，自由的精神茁壮成长"，但是一时还找不到佛教神学史观的替代物。这是他通向人文史观之路的"沙漠时期"。

1934年到达印度后，根敦群培又掌握了现代语言工具，通过各种途径接受了现代科学知识和方法，并受到唯物主义学者罗睺罗和罗列赫等友人的影响，运用人文史观考察和研究历史、文化、宗教和语言等，通过对历史文化和各种宗教的比较，开阔了视野，世界观、价值观和思维方式都发生了转变。这便是其"创造时期"的开始。1945年回到西藏后，他撰写了《中观甚深精要嘉言·龙树意趣庄严论》（以下简称《龙树》），在这部作品中系统地阐明了自己的哲学思想和佛教观。他创造性地提出了："无"的最终决定根源不是佛，而是自己的心——从而把对佛的崇拜，变成了对自我的崇拜，从理论根基上动摇了佛陀与佛法至高无上的地位。

这点与禅宗的"即心即佛"十分相似。不同的是，根敦群培有一整套完整的理论思辨来支撑这个论点。与中原禅宗崇尚机锋与妙偈不同，印度佛教强调辩论和推理，受印度佛教影响颇深的藏传佛教自然也对理论构建十分重视。在这种背景下，颇有禅宗风范的根敦群培最终没有走上以只言片语点化世人的神秘主义道路，而是依旧坚守在扎实的理论与缜密的推理土地上。只不过，在这块常被世人嘲弄为无趣的"干涸土地"上，他建起的是充满人文主义色彩的伟大建筑。后来，根敦群培又写下史学著作《白史》。

这两部作品都是他运用人文史观指导学术和思想实践的成果。这算是根敦群培的"创造时期"。从根敦群培在南亚十二年的著述中，我们可以看出：他的思想脉络已逐步从感性体验上升到理性思辨，并最终形成了人文史观。藏族学术史观经历了三个发展阶段，即佛教神学史观——人文史观——唯物史观。根敦群培运用人文史观研究藏族历史、文化和宗教，以人文主义的态度看待藏传佛教，动摇了统治藏族学术文化近一千年的佛教神学史观，确立了人文史观，并最终成了朴素的唯物主义者。

当然，简单地用学术词汇来评价一个人是粗暴的。为了成为一个拥有"朴素唯物史观"的"人文主义先驱"，根敦群培经历的困难远非常人可以想象。对自幼拥有僧人身份的根敦群培来说，他所遇到的第一个两难是宗教与世俗的关系。作为一名七岁便失去父爱的瘦弱小孩，根敦群培进入寺院便意味着进入了一个相对安定的生活状态。当然，这是其家庭背景水到渠成的结果。无论如何，根敦群培的僧人生活是由世俗生活的不幸为开端的。当然，宗教与世俗的矛盾作为他致思的主题则是很久以后的事情了。

他当时感受到的"分裂"，主要是自己的早慧与经文逻辑漏洞之间的冲突。他身处的环境告诉他经文和前辈高僧是高不可及的，但在具体诵读某一段经文时，理性智慧便在反复敲打他的心神："这里似乎不够严谨""那里好像有待商榷"……这些源自叛逆天性与理性思考的质疑为他在拉卜楞寺与哲蚌寺质疑寺院经典教材埋下了种子。

一个人的主见，总是这样悄然萌发，又渐渐生长得根深蒂固。

成年之后的根敦群培既不同于当时西藏政界改革派人物龙夏，也不同于步其后尘的端智嘉。龙夏的改革思想来自西方，受当时英国政治思想的影响，但他未曾经历西藏的底层生活，也摸不透西藏社会的真正危险地带，他也缺乏应有的深邃眼光及高度的思维，种种迹象后来也证明他是一个脱离现实的幻想家。

而被称为"现代西藏自由诗的开拓者"的端智嘉，年幼便离家求学，并在小小年纪之时领取了维持生活的薪水，没有经历过根敦群培在拉萨作画度日的艰难生活。而且，在工作于政府机构时期及此后的学习生涯中，端智嘉一直与年龄相仿的青年人生活在一起，他们当中的很多人来自各个边疆地区，属于各少数民族的精英分子，与当时中国的其他年轻人一样有着远大的理想。他们有一种把自己的民族、国家推入世界顶尖队伍的愿望。在那样的社会气氛中，端智嘉成了社会的宠儿。这样的经历导致他无法抵抗压力与挫折，他在后来受到情感及事业方面的打击时，承受着巨大的精神压力，最终不幸死于煤气中毒。

与他们不同，根敦群培是一名不受待见的"边缘人物"。最初从俗人到僧人，之后又从僧人到俗人，他完成了一个圆满的自我轮回。这一轮回不是对宗教戒律的违规，而是人性在宗教旅程中的升华，也是从思想和信仰高度上对人性的真正回归。然而，尽管佛教经典上处处提倡着不间断轮回的观念，但对于根敦群培的这一"轮回"，当时的佛教僧界曾提出巨大的质疑，根敦群培一度成为众人群起而攻之的对象。这是因为，他们在这种向人性与本真轮回的进程中觉察到了颠覆的不安。

作为一名游走在僧俗边缘的写作者，根敦群培所体验到的人类苦难，是以他个人的坎坷经历和艰苦磨难作为底子，并从中缓缓升华起来的。只有自己感受到苦难的力度以后，才能同情以及阐释别人的苦难。一个没有被现实的苦难深深伤害过的人也许可以成为伟大的领袖，但无论怎样也不能成为有深度的作家，因为即使一位平庸的作家也是由造化的捉弄和折磨所造就的，一位伟大作家的诞生则几乎非得以心灵的巨大伤害为代价不可。除了根敦群培，在外族入侵的政治气氛和权力斗争的极度残酷中，创作出流传千古的真情之歌的仓央嘉措也是一例。

欲望·喜乐

中国人历来对"性"这一话题讳莫如深，而藏族人民受宗教影响，更很少公开谈论两性问题。即便藏传佛教的密宗有"双修"一说，它也完全笼罩在一种神秘的宗教氛围中，不是我们想象中那种世俗化的性。

所以，根敦群培在借鉴印度性学与自身体验基础上撰写的《西藏欲经》，就成了今天藏民族性学为数不多的代表作品之一。但是这本1938年写就的作品毕竟与藏传佛教的传统禁欲主义相抵触，不容于当时的主流社会，所以，这部著作难逃被禁的命运。

事实上，《西藏欲经》并非像噶厦宣称的那样，是"奇技淫巧"的汇总。真正阅读过它的人，无不感慨其中的语言是如此美妙传神，随手摘录几句都似箴言：

好比乞丐说讨厌黄金、饿客说讨厌美食，每个人的嘴巴都咒骂性，但是每个人的心都暗地喜欢它。

女性是一个带来愉悦的女神，是一块繁衍家族血脉的良田。人们生病时，她是有如护士的母亲；人们悲伤时，她是抚慰心灵的诗人；她打理一切的家务，是个仆人；她毕生以欢笑保护我们，是个好友。一个妻子因为前世的业而与你结上关系，她被赋予了这六种特质。

一个热情的年轻女人对男子的需求，不亚于一个口渴者对水的渴求。

只有富人才得到金银财宝、车渠马牛，其他所有的人，不论贫贱富贵，都可以在性爱中得到快乐。

一个男人如果不知道他的妻子以及终身伴侣的内在体验,他不如去当隐士。

如果一个人不知道持住和分散大乐的技巧,会立即看到它消退和消失,好像拾摄一朵雪花在掌中一样。

正是因为如此优美有趣的语言,《西藏欲经》得以保有顽强的生命力。《西藏欲经》自从成书以来,就一直以手抄本的形式在广大藏民族居住地区流传,民间藏有很多版本。根敦群培于藏历土虎年冬在印度摩揭陀之孔雀城的甘嘎德瓦家中写成《西藏欲经》,后将此书的原稿寄给拉萨的噶雪·曲吉尼玛。1967年,东妥·丹白坚赞在德里首次公开出版《欲经》,并撰写了简短的前言,所依据的文本是宁玛派上师顿觉活佛所有、由德赫维提供的一部手抄本。1967年版错误较多,可能是底本为手抄本而不是原稿本身所致。

《西藏欲经》与根敦群培一样历经沉浮。1969年,东妥·丹白坚赞在德里出版了《欲经》的第二版,附有米旁嘉措的《欲经·世界喜悦宝藏》,并重新写了一篇简要的前言。此版也是依据原稿抄本,但是解决了1967年版的许多错漏问题。1983年,印度达兰萨拉的西藏文化出版社重印1969年版时省去了那篇前言。后来,直到1992年,美国纽约雪狮出版社出版了《西藏欲经》的英文版,书名为《西藏的情爱艺术》,将藏文《西藏欲经》全文翻译。至此,《西藏欲经》才算真正为世人所接受。

《西藏欲经》是根敦群培经过大量的民间经验考察和披阅若干中外典籍文献后完成的著作,这是他生命中"最有活力与创造力时期"的产物。从风致上来说,它可与古罗马奥维德的《爱经》相媲美,而且,比较起来倒是名气更大的后者显得有些流俗。《欲经》中并没有太多"淫"的东西,相反,它是一本具有人性、人道和人本精神的劝世箴言式作品,更应被看作是一部专门讨论男人、女人及其相互关系的"人论"。

女性的解放可谓是最漫长的革命。有人说:"女性的解放之日就是革命成功之时。"但那个时代真是过于久远了，世界也由过去的遥远与辽阔变得这么近，这么富有关联性。历史从来就不会重演，所谓历史的"重演"不过是似是而非的幻觉，在相似性的表象下是基本前提条件的大相径庭。女性主义与性的商品化同时在这个世界甚至在我们的周遭出现。也许根敦群培尊重女性的观点，在如今看来过于软弱无力，更不用说体现他这方面观点的著作的惊世骇俗（这也是道德维护者们最擅长的攻击点），也许有人会用更严谨的哲学和经济学观点来指认他只看到了问题的表面，但是，正是他喊出了第一声！这一声便石破天惊，让世人无法再假装沉睡。

正如鲁迅先生当年喊出"救救孩子"一样，这一声是那样的振聋发聩。即便在如今，性别歧视依然是值得关注的一个社会问题。有学者在分析藏族的婚恋观、生育观时，看到了表现形式上与其他民族特别是存在严重性别歧视的民族的不同之处，却忽视了更深刻的既源于制度也源于传统的性别歧视。

在根敦群培已看到了一点开端的时代，最受关注的革命是政治革命和社会革命，女性问题是作为一个附属问题出现的，似乎没有出现对于女性问题变革的切实考虑。正是由此，我们感受到根敦群培的过人之处。

在那个格鲁派占据统治地位的社会里，一本《欲经》无疑将根敦群培推上了风口浪尖，但他知道，"人欲"是真正伟大的自生喜乐。那一年，三十五岁的根敦群培决定不再用自欺的外衣作为掩饰——这是一位学者所要信守的誓言。

锡兰·清静

根敦群培在南亚的游历从印度开始,也在印度结束。但最让他怀念的,则是在锡兰的一段近乎"度假"的游学时光。那真是一个风光秀丽的地方,许多年以后他还能想起锡兰碧波荡漾的湖水,错落有致的大小凉亭。那些黎明时分被喊话僧催起的僧众忙碌不停,这让根敦群培感到无比安心。

这几乎是根敦群培生命中最宁静祥和的一个时期。

起初,根敦群培在印度的瓦拉纳西进修梵文。后来,他转入锡兰梵文大学,学习了一年零四个月,学习成绩名列第一。学校打算授予根敦群培班智达学位,他却没有接受。他当初在西藏时就对格西学位嗤之以鼻,在锡兰自然也对增添头衔这种事毫不在意。

不过,根敦群培对这片异域土地始终保持着发自内心的崇敬之情。他常说:"斯里兰卡是一个佛教徒的圣地,律藏教义在那里广为传播。"他清楚地记得:"每当黎明时刻,寺院仍然像当年佛在世一样,就已有人喊话督促众僧侣:'死殁无常即刻到此!'于是人们便都恐惧地从睡梦中醒来,个个都去忙碌佛事。斯里兰卡的世俗人中还有不少居士。不论是比丘、沙弥或是居士,都有各自的修持处。那里真是一个风景秀丽的国度,在碧波荡漾的湖水中、大小不等的礁石上,有许多别具一格的凉亭。这些凉亭,如同西藏的修行山洞一样是佛家的修行之地。"[①]

[①]霍康·索朗边巴:《根敦群培大师传·清净显相》,载于《西藏研究》(藏文版)1983年第2期,第12页。

这个清瘦的西藏僧人在锡兰也受到了当地人的尊敬。这里的人似乎从未见过西藏人，他一踏上锡兰的土地，人们便纷纷侧目，交头接耳。他便以这样一种特立独行的"姿态"，在那里住了两年多，并访问了那里所有的重要城市和名胜古迹。

根敦群培在锡兰求学期间并未在舒适中放弃学术追求，他仔细地研究了当地的历史、地理和宗教制度，并和当地的佛教学者们进行了不少交流。他还以优美动听的藏族诗歌体形式将《锡兰上座部之法句经》译成藏文。这本书着重论述锡兰上座部的佛教教义，是当时锡兰颇有影响的一部经书。完成这本译著的那天，锡兰怡人的晚风让根敦群培的心情格外舒畅，他在译文的末尾特地写了一首抒情的小诗：

又想起遥远而熟悉的故乡，
又得到来自前世的缘分；
即使是劫数，
我也能翻译成佛语，
此刻却如何表达我内心的欢乐？

根敦群培的著述与翻译虽有一些是为糊口所撰，但无不是他耗费精力、呕心沥血之作。

根敦群培的求知之心让他距离故乡山水万重，而离家十载，也让他收获了丰厚的学识与智慧。简单总结他的著述与翻译作品，我们不难看出：一、其作品名多寓意深刻，内容广泛，无论哪一方面的论述都有很强的感染力；二、其文笔流畅，通俗易懂，词汇丰富，恰到好处；三、其史学笔法精练，言简意赅，考据确凿，深入浅出。特别是他的诗体著作喜用直接明快的修饰手法，浅显易懂，完全没有一般藏文诗歌的晦涩难懂。而他的散文则多采用幽默和诙谐的风趣词语，生动感人。根敦群培的众多著作，不仅展现了他的渊博学识和才华，也给丰富多彩的藏族文化宝库，增添了晶莹耀眼的瑰宝。

只不过，他的著述从写就到出版面市，总是隔着相当长的一段时间。

当根敦群培从锡兰回到印度时，正是印度民族独立运动高涨的时期，到处有游行示威和不合作运动。因此，英国当局实行军事管制，许多独立运动领导人被关押起来。尽管如此，要求独立的民族主义情绪并未低落，英国统治者只得允许印度人民于战后实行独立。这些都使得根敦群培受到教育，他同情印度人民反对殖民主义，尤其是看到印度的所谓"贱民"不仅受到帝国主义者的压迫，也受到本国统治阶级和落后的种姓制度的压迫时，他对这种落后的社会制度深为反感——这也许是他后来追求进步的原因之一。

第五章
诸事颠倒，自有安排

  由于国际局势动荡，根敦群培不能赴西方国家继续考察研究，这让他深感失望。再加上多年游历，身心俱疲，这时的根敦群培便考虑回到阔别已久的故土——西藏。1945年11月，根敦群培拾掇行囊离开了噶伦堡，独自一人化装成朝圣香客，沿着陡峭而险峻的山路返藏。他不知道，在西藏等待他的究竟是鲜花还是唏嘘。但他知道：自己必须回去！

动荡·思乡

"我要去美国了！"根敦群培从锡兰回到印度后收到了一位美国藏学家从纽约发来的邀请函，这让他万分欣喜。尽管当时正在进行第二次世界大战，赴美旅行很危险，但根敦群培还是打算应邀前往，他很期待去领略那些和亚洲不一样的风土人情。

可惜现实再次愚弄了根敦群培，1943年12月29日，他在写给罗睺罗的信中提到：就在一切准备妥当之时，美方因战事激烈，取消了这次邀请。对此他感到失望与愤怒——这两种情绪，也正是他人生最后十年的基本写照。

在印度又待了一年多，根敦群培的命运终于和世界历史一样迎来了转机。1945年，中华民族历史上值得铭刻的一年。这一年，抗战胜利，被日本夺去的土地悉数归还。而在遥远的印度，意识到应当在自己生长的藏族社会内部成就一番事业的根敦群培也打算踏上归程。

"你确定要回拉萨？"罗列赫极力挽留这位在学术上对其帮助很大的朋友，"你最好想清楚！"

"我想清楚了！我思念西藏，西藏也需要我！"根敦群培的回答简洁而坚定。

听到根敦群培不容置疑的回答，罗列赫愤恨地敲了敲桌子："如果回到拉萨，你一生的光阴就将虚度！"

根敦群培想了想自己在印度的窘迫境遇，苦笑道："我在这儿就不是虚度光阴吗？既然历史给了我选择的契机，那我宁愿把剩下的人生，都为我的家乡'虚度'！"

"根敦群培，你再想想吧！"罗列赫的夫人也加入了游说的阵营——她很清楚这位西藏僧人对自己丈夫的事业是多么重要——她从书架上抽出一本西方著作对他说，"如果你回到西藏，就再也看不到这类书籍了！"

罗列赫夫人的话似是触动了根敦群培的某处软肋，他陷入沉思。就在罗列赫夫人以为自己的劝解有效时，根敦群培的眼中突然放出异样的光亮，他定定地看着他们，一字一顿地说道："我希望有一天，能在西藏的土地上写出这样的书！"

除了罗列赫夫妇这种略带私心的挽留，不少朋友出于真诚的关心，也不建议根敦群培此时归藏。这年5月，曾向青年根敦群培提供过帮助、已在桑迪尼克坦担任藏文教师的宁玛派高僧吉美仁增到印度朝圣，他专程前往库卢附近的热尔瓦萨的白玛措——传说这是宁玛派"第二佛陀"莲花生大师的出生地。当时住在库卢的根敦群培便前去与他会面，他们在一起叙旧畅谈三天，并共同写作，直到数月后才回到噶伦堡。

吉美仁增建议根敦群培不要在此刻返回西藏，以免徒惹是非。因为就在日本投降的这一年，国际局势剧变，西藏噶厦也面临巨大的革命压力。面对历史洪流，噶厦采取的应对方法不是顺应，而是高压。所以，拉萨当时的政局并不适合根敦群培这样一位拥有现代开明思想的"海归"高僧。但吉美仁增无法理解，已离乡十多年的根敦群培的思乡之情是多么炙热强烈。

"我必须回西藏去！"这是根敦群培留给吉美仁增的最后一句话。

关于根敦群培为何选择在政局动荡的时候归藏，还流传着另一种说法：根敦群培在印度过得并不开心，这是促使他决然离开的首因。他曾在一首题为《悲歌》的诗中流露出对"虚伪的朋友"的不信任，他甚至觉得自己有种"受骗上当"的感觉。他在诗中陈述了自己的痛楚：几年的工作付诸东流，经济拮据，囊中羞涩，还经常受到冷嘲热讽，做出学术成绩的希望也近乎破灭，原本旷达宁静的僧人生活被他在巴特那从事藏文文献编目的繁重工作占据。可是，他需要钱，他在印度只能这样生活。

> 他们竭力编织所有的谎言和欺骗的游戏,
> 我这微不足道的愿望便永远失去实现的契机。
> 在等待了这么长的时间之后,除了欺骗我一无所获,
> 三年的痛苦劳作只换来我的精疲力竭。
> 当你富有时,他们便溜之大吉,
> 当你贫困时,他们却在远方挥动手指鄙视你。
> 一想到那些不知如何友善地对待友善之人的狐朋狗友的本性,
> 我就悲愤莫名。
> 一位谦卑的学者的能力,只是追求知识,
> 而不是在一个暴君的压制下,为他的财富和愚蠢所驱使。
> 传统的僧侣等级已被颠倒,
> 让雄狮去侍候狗是多么可笑!

从这首诗中,我们不难看出根敦群培在印度的委屈与悲愤。无论是他的学识还是才能,都与那些平凡而琐碎的工作不相称,这是任何一位藏族僧人和学者都承认的。从这个角度出发,就不难理解根敦群培的归乡之心为何如此迫切了。在诗中,根敦群培影射了自己两位最好的朋友:罗睺罗和罗列赫。

起初,根敦群培满怀希望来到佛国印度,期望与罗睺罗等印度学者密切合作,共同研究印度文明和藏族文化,但结果令他非常失望——罗睺罗和罗列赫等外国学者都是从自己的学术需要出发,最大限度地榨取根敦群培的帮助,却并不与根敦群培进行"正式的合作"。因为根敦群培远赴异乡,手头拮据,很大程度上依赖他们的接济,所以这种"学术压榨"便成了大家心照不宣的常态。正如美国藏学家唐纳德·小洛培兹所说:"罗列赫家族按当时的标准称得上是大富人家,根敦群培理应得到丰厚的工作报酬。但是,他在印度的那些年,尤其是在加尔各答与罗列赫一道工作之后的那段时间,却饱受贫困之苦。"这种"压榨"是在学术上极有追求的根敦群培所不能容忍的。

后来，罗列赫还将与根敦群培合作的英文译著《青史》据为己有。显然，《青史》是罗列赫与根敦群培合作的结晶，如果没有根敦群培的帮助，罗列赫绝不可能完成《青史》的英译。但是，当《青史》的英译版于1949年在加尔各答出版时，正在拉萨身处逆境的根敦群培的名字并没有被印在这本书的封面上——译者只署了乔治·罗列赫一人的名字。罗列赫虽然在《青史》前言中提及根敦群培和他一道"商讨了全部译文"，并提供了"非常有益的指导"，但他在字里行间表露的只是礼节性的感谢，而不是一起合作后的尊重。罗列赫这种"贪天之功为己功"的行为，在当时就引起了根敦群培的弟子的不满。《青史》的第一部分出版时，根敦群培的一名弟子十分气愤地来向根敦群培"告状"，但那时已被收监的根敦群培连自由都失去了，又哪里会在乎这点儿不公与背叛。那名弟子回忆，根敦群培听到这则消息后只是"一笑置之，什么也没有说"。

除去思乡之情与生活不如意，还有一种解释听来倒是更加符合根敦群培的个性。在印度、锡兰等南亚国家生活的十二年里，根敦群培不仅掌握了英文、梵文和巴利文等语言工具，而且几乎走遍了南亚各座山川，考察了当地无数古迹，对印度、锡兰的历史、宗教、地理、民俗等进行了深入研究，还发表过一系列著译作品，成为名副其实的"印度通""锡兰通"。同时，他也受到印度文化和西方文化的强烈影响，思维方式和价值观念都发生了重大变化，感性认识和理性认识都得到极大提高。既学有所成，自然要回馈故里。

其实，根敦群培的抱负并不仅仅局限在学术领域，对国际政事颇为关注的他认为动荡中的西藏正待有识之士的革新，他也应当为这历史性的变革贡献一份力量。历史选择了根敦群培，根敦群培没有逃避。但悲剧命运，也就在这样纠缠不休的互相选择中悄然注定了。

归程·故里

命运总是不忘揶揄根敦群培：当初远游佛国时他如衣锦还乡，如今他启程归去反而像浪子远游。1945年11月，根敦群培悄悄拾掇行囊离开了噶伦堡。为了避免不必要的麻烦，他化装成朝圣香客的模样，一个人沿着陡峭而险峻的山路启程返藏。

从印度进藏通常有这样几条道路：若从中印边界东端出发，可从阿萨姆取道察隅或达旺进入西藏东南地区；若从不丹方向出发，可翻越布华山口，从不丹的帕罗宗进入西藏的帕里；若从锡金方向出发，可从大吉岭进入西藏的春丕谷地；若从尼泊尔方向出发，则可从聂拉木或吉隆入藏；若起点设在中印边界的中段，可由普兰入藏；若在西段，则可经拉达克进入阿里。另外，从错那经门达旺到印度阿萨姆平原还有一条传统的古商道。

根敦群培这次返藏没有选择人们通常所选的那条北上路线——由噶伦堡向北，经亚东返藏，而是一路向东行进，穿越不丹北部，到达阿萨姆的门达旺地区，在这里进行了一个多月的考察之后，才从山南错那回到拉萨。

根敦群培之所以绕了这么一个大弯，是因为他答应了自己在噶伦堡的"激进朋友"，要为他们绘制一张中印边境地图。错那是中印双方的敏感地区，这里的地形和它的政治身份一样奇特——错那最高海拔与最低海拔之间相差七千多米。初到这里时，就连向来见多识广的根敦群培也不免为这多变的地形而惊叹。

错那宗属下的达旺地区在1913年西姆拉会议所划定的"麦克马洪线"

上——这是由当时的英国首席代表麦克马洪和西藏噶厦的首席代表伦钦夏扎·班觉多吉秘密策划的。麦克马洪线起自不丹和西藏交界处，沿分水岭和山脊线至云南的独龙江流域，将传统上西藏当局享有管辖权、税收权和放牧权的约九万平方公里领土都划入印度领土。这便是当今中印边界冲突的历史根源。

根敦群培在这里住了一个多月，由于这里位置敏感，各方势力交错，因而根敦群培需要"十分机灵的"年轻喇嘛洛桑朗杰的陪同。据洛桑朗杰的儿子益西赤列回忆：根敦群培1945年离开印度时，是由不丹扎西岗宗宗本[①]色仲波送入西藏的，因这位宗本与洛桑朗杰是好朋友，所以把根敦群培送到他家安置。根敦群培在错那的食宿都由洛桑朗杰家提供。作为感谢，根敦群培则抽空为洛桑朗杰讲授诗学和文法。

"上师！上师！"洛桑朗杰突然扯了扯根敦群培的袖子，低声说道，"我好像看到两个金发碧眼的家伙在远处悄悄跟着我们。"

"洛桑朗杰，不要惊慌，我们又没做违法乱纪的事。"根敦群培不动声色地吩咐道，"见机行事。"说完他继续佯装游客向前大咧咧地行去。

这已是他们在当地考察的第十天了，根敦群培在洛桑朗杰的帮助下慢慢绘制了一幅详细的中印边境地图。但是因为这里地处不丹北部边境，他们的行迹引起了当地人的猜疑，他们向英国人通报，英国人便悄悄派人前来监视。

几天过后，根敦群培终于有惊无险地完成了地图的绘制。为避免英国人跟踪，绘制完地图的根敦群培没有立即离开，而是隐居在错那宗城堡的最高处修行了两周。

根敦群培在隆冬季节进行的这次艰难旅行既是学术考察，也是政治冒险。

旅居印度期间，根敦群培就对英帝国主义的种种侵略罪行深恶痛绝，当时生活清贫的他在"英国皇家亚洲学会"靠翻译有关西藏佛教和文化艺术方面

[①]宗本：即地方行政官。

的资料维持生计。正是通过这一工作,根敦群培逐步认清了西方列强披着文明外衣做的种种苟且勾当。他后来在《智游列国漫记》中写道:"……欧洲人越过海洋,出发并走遍全球。一般情况下,在每一种世俗的风俗习惯里,欧洲的智慧都在许多方面超过我们的习俗。他们能够轻易地把东西方各民族弄得晕头转向,这些民族诚实而天真,除了知道自己的国家之外,没有其他任何经验……他们的心中只充满着私利。得到国外和大臣的资助,他们毫不顾及他人的幸福,他们践踏他人的幸福就像践踏地上的杂草一样。他们派遣出大批匪徒军队,还称这些人为'商人'。"[1]

作为一位深具慈悲心的佛教徒,根敦群培怜惜那些在洋枪洋炮面前瑟瑟发抖的胆小民族,他们在小国的森林里生存,"甚至听到驴的叫声都胆战心惊,他们像绵羊一样被抓到外国人自己的国家。他们被戴上脚镣和手铐,提供的食物只够湿润他们的嘴唇,外国人强迫他们从事最艰苦的工作,直到累死"。根敦群培了解到:由于这种严酷的苦难,即使是年轻人也不能持续待在那里超过五年。年轻的妇女被抓走,为了刺激买主的购买欲望,她们被赤身裸体地展示在市场中央,然后被卖掉。对此,根敦群培愤恨地评价道:"假如有思想的人听到他们是怎样像对待牲口一样对待人的身体,他们的心都会流血。"[2]

根敦群培对这种靠贩卖非洲奴隶发家,并在全球四处扩张侵略的行径极为愤慨。他知道西方列强就是用这种方式为所有的"世界奇迹"——从一个海岸伸向另一个海岸的铁路,以及从下面望不到顶的那些高楼大厦——奠定基础的。单是从非洲,这些人就掳掠了数百万人,而且还有不计其数不能再"使用"的人被放进大型轮船,然后抛进海里。

因此,当噶伦堡的朋友们请求他代为绘制边境地图时,他二话没说便答应了。通过这次考察,根敦群培确定了8~9世纪中国西藏地区与印度之间

---

[1] 根敦群培著,杜永彬译:《智游列国漫记》,载于《根敦群培著作》(第2册),拉萨:西藏藏文古籍出版社,1990年,第156~157页。
[2] 同上。

的明确边界。根敦群培还发现了一块刻有两种铭文的石碑，一面刻藏文，另一面刻的是一种印度文字，上面指明了中国西藏南端与印度北端的明确分界线。也正是由于这次考察及其成果对西藏革命党的助益，使得根敦群培返回拉萨后，迎接他的不是鲜花，而是镣铐。

风声过去后，根敦群培认为返回拉萨的时机已到，便再次踏上旅程。据益西赤列回忆：根敦群培离开错那时，其父洛桑朗杰托根敦群培为他带封信，信上向家里报了平安，并嘱咐他拜根敦群培为师，学习诗学和文法。

最终，经过约二十天的艰苦跋涉，根敦群培终于穿越千里风雪的阻隔，回到了阔别十二年的圣城拉萨。回到拉萨后，根敦群培没有急着去拜访多年未见的故人，而是在冲赛康附近的旺堆边巴找到益西赤列，并亲自将洛桑朗杰的信交给他，以完成友人的嘱托。益西赤列对根敦群培那张饱经沧桑的面容记忆深刻，这位安多高僧的睿智言谈更是让他钦佩不已。这也是拉萨僧众对远游归来的根敦群培的普遍印象。

在这趟漫长而艰辛的旅途中，旷达的根敦群培抽空创作了一部幽默诙谐的诗集，描绘了沿途所见的农牧民风俗习惯和生活方式。这些诗是如此滑稽怪诞，以至于每位读者阅读之后都会笑出眼泪来。然而，这也许是这位博古通今的大学者记忆中最后的轻松时光了。

1946年1月4日，根敦群培回到拉萨，回到了这片蔚蓝的天空下。十二年的旅居生活对根敦群培的一生产生了重大影响。可以说，离开西藏时，根敦群培是僧人、诗人、画家和学者。待他返回西藏时，已经是一位学术大师和人文史学家了。

功德林寺在旺堆诺布处为根敦群培无偿提供了一处住所。刚安顿下来没多久，这位久负盛名的海归学者立刻成为拉萨僧俗注目的焦点。起初，一切都和他预想的一样，他在拉萨露面的消息悄悄传开之后，拉萨的贵族、高僧大德、商人和普通僧俗百姓纷纷前往他的住所拜谒。还有不少人邀请他到他们家里做客，询问他的旅途观感和其他各种问题——从基督教到民主政治，从神秘主义到自然地理，无所不问。根敦群培也表现出一贯的大度，对亲近自己的人不加区别地统统接纳。

根敦群培的宽善在拉萨迅速传播开来，越来越多的人上门请求他教授各种佛经典籍，他也尽力满足人们的愿望，真正做到了"诲人不倦"。只要是真心求教的，几乎没有人被根敦群培拒之门外，他的弟子随从也慢慢增多。当时拉萨上层社会甚至有一股"根敦群培热"，他们争相邀请他到家里做客，并以此为荣。

根敦群培的弟子和朋友都以为，在南亚游学十二年，他一定家底丰厚，出手阔气。但是，与之相处久了他们才发现：根敦群培自始至终保持着朴素本色，即便达官贵人络绎不绝，他依然只是一个清贫的僧人兼学者。

根敦群培的一名弟子写道："我想象在印度待了那么多年之后回到西藏的根敦群培，一定非常阔气和威风。其实不然，他的脸色显得有些疲惫不堪，尽管他的牙齿洁白如雪，但是，他那强装笑脸的表情向人们暗示，他的幻想已经破灭，早已看破红尘。"

在弟子的印象中，根敦群培的全部资产仅仅是一条棉质紫红色腰带，随身携带的一只很大的黑色旅行箱，一个炉子，一个小型的带柄平底锅，还有所谓的卧具，其他便没有了。

根敦群培并非没有致富的机会，只是他认为，这样的生活更容易让他保持清醒的智慧。

一次，有位精明的商人来拜访根敦群培，想以他的盛名募集资金建造一座寺庙。这在常人看来本是扬名的难得机遇，也算是造福信众，答应此事未尝不可，但根敦群培想都没想便婉言谢绝了。

他的弟子对此十分不解："上师！您为何不抓住这千载难逢的机遇呢？"

根敦群培笑着向弟子们解释道："可不要以为我是个笨蛋，会轻信其他人说了什么。我也是个相当机敏的人。建立一座寺庙需要许多条件的积累，我自知没有能力从事这些伟大的行动，还是让我安安心心地著述教课吧！"

根敦群培的朴素生活为其增添了美誉，上门拜访的僧俗日益增多。但即便白天要花去大量时间和精力来接待访客，晚上他也闲不下来。这期间，他写作并修改了《智游列国漫记》等著作。根敦群培的一生，从青海到拉萨，从拉萨到西藏各地，又到印度和南亚诸国，再从印度翻越喜马拉雅山脉回到西藏，他不仅把自己叫作"周游各地的安多人根敦群培"，还留下了多篇游记，《智游列国漫记》便是其中最知名的一部。

这是一部综合性著作，全书均采用根敦群培最为擅长的诗文体。书中描绘了"野蛮人"在印度当政时的情形、异教徒的宇宙观、各地地名的来历、印度的雕塑绘画、印度人的习俗、古藏文的各种书写形体，等等，内容甚为丰富。

根敦群培在书中介绍了所到之处的风土人情，特别是佛教圣地的历史、现状、故事等，为朝圣者们提供了朝圣的指南和导游，也为一般读者提供了这方面的大量知识和信息。在介绍到莲花生大师出生地时，他说："由于邬仗那地区名扬四海，被种种神奇的传说掩盖，所以许多本来孤陋寡闻且又喜欢听人吹牛的人，很难相信我的这些言论。尽管这样，很早以前就已经有人亲临这方土地，并撰写了旅途纪实。""诸位若真想朝圣，那么敬请聆听诸多曾真正身临其境者的话语。"接着他还写道："倘若还不相信我这些真实的情况介绍，那么你们就不知邬仗那究竟在何方，反正是一处尸骨成山、血流成河，非但此生，就连来世亦无法到达的地区。这样大概就能迎合许多人的心理了。""某些被浮夸了的印度历史耳濡目染的人，由于耳闻的隆隆巨响与眼见的小小皮鼓大相径庭，便对这一切产生了怀疑，开始散布'原来有真假两个金刚座，大小两个婆罗奈斯'等常见的欺人之谈。纵然如此，由于当今的印度毕竟是真正的印度，所以上述诸多圣地各个都是真实的，无须心存疑虑。何况我本人亦并非轻信人言毫无主见的蠢人，而是一个天资聪颖、一生勤奋学习的贫穷的智者。所以，对我的这些言论是否有错误、是否有根据、是否属于欺人之谈等无须心存半点疑虑。"[①]

[①]更敦群培著，格桑曲批译：《更敦群培文集精要》，北京：中国藏学出版社，1996年版，第116~122页。

可以看出，根敦群培所写的这些游记与传统圣迹志有很大的不同，而与现代旅行导游指南倒有异曲同工之妙。书中内容简明扼要，还配有相应的地图、交通图、圣地图示，并附有交通食宿方面的参考价格，处处为游人提供关于圣地的尽可能具体而可靠的信息，还对许多道听途说的传言加以澄清，教人学会识别真假。

这期间，根敦群培也开始撰写《白史》。他通过对藏族史的深入研究，早就感到有必要重新编写一部完整的西藏历史，但因条件不具备而未能动笔。回拉萨后，他认为时机成熟，就将以前在印度居住时得到的从新疆、敦煌等地出土的吐蕃时代的一些文书资料集中起来，开始写作。十多年的漫游经历让根敦群培从一个以思维逻辑为武器的理论家变成了一位谨慎求知的实践者。为了纠正过去史书上的一些错讹之处，根敦群培在其弟子兼施主霍康·索朗边巴的陪同下，到日玛岗和乌香多考察了两块吐蕃遗碑。数天百里的行程，也许只能换来书中一两句文字的更改，但对他而言，这就是最大的收获。

宽容·自由

根敦群培在拉萨安顿好后，各路僧俗均闻名上门求教。起初，根敦群培为然扎活佛和达瓦桑波等几人讲授诗学——他们也是根敦群培最为杰出的几位弟子。达瓦桑波是来自康区的宁玛派高僧，但他在游历丰富、见识广博的根敦群培面前始终毕恭毕敬。根敦群培为达瓦桑波讲授了十五天的印度古代戏剧名著《沙恭达罗》以及"中观学说"。

根敦群培在西藏僧俗眼中是博学与智慧的象征，但根敦群培自己也有尊崇的对象。在锡兰时，他对出家长老们的生活方式印象深刻。回到拉萨，根敦群培见到了居住在霍康家的蒙古族格西曲札，格西曲札像锡兰的长老们一样低调务实，埋头苦读十二载，只为编撰一部辞典。根敦群培对此十分敬佩，同时也以自己的广博学识为这部辞典出了不少力。

在帮助格西曲札收集西藏口语词汇，编纂辞典的同时，根敦群培也开始撰写自己最重要的著作：西藏早期的历史《白史》。当时，根敦群培的弟子霍康在噶厦近卫军担任如本（相当于营长）职务，于是他向根敦群培建议搬进他闲置的办公室里从事《白史》的撰写工作，根敦群培欣然接受了。霍康的办公室设在拉萨罗布林卡，除了每月值勤住几天，大部分时间都空着，环境比较安静，正适合根敦群培在此潜心创作。

正是在这处幽静的军营办公室中，根敦群培字斟句酌地写下了被后世学者称为"一部真正的西藏史"的《白史》的开篇。根敦群培给这本书起名

《白史》，是为了表明不偏袒宁玛、萨迦、噶举、格鲁中的任何一个教派，完全出自公平之心。根敦群培历来对西藏的各种教派保持中立态度，他笃信释迦牟尼佛，同时也崇敬印度的班智达、大德们和西藏的萨迦、格鲁、噶举、宁玛诸教派的先哲。他不但自己从来不做崇拜一派、歧视另一派的蠢事，而且还竭力反对做这种蠢事的人。他在诗作中针对西藏个别教派人物极力攻击其他诸教派的行为辛辣地讽刺道：

将他人的思维漏洞，
当成自己的立宗之本而怒射；
我方智者虽对战神反复祭拜，
但至今仍未能诛尽敌方英雄。

在根敦群培看来，宗教偏见和教派斗争已经成为传统西藏向前发展的沉重历史包袱。而且，它也将日益成为影响藏民族内部团结以及藏传佛教自身发展的重大现实威胁。藏传佛教和其他传统宗教一样，都在社会动荡中暴露出严重的内在分裂倾向，而且这种宗教上的分裂，又必然会导致西藏更加动荡不安。如此恶性循环，每个西藏人民都不愿看见，也无力承受。

作为熟悉自己民族传统历史文化的学者，根敦群培早在安多时期便认识到宗教宽容思想的重要性。但其思想的真正成熟，却完成在他走出西藏，旅居南亚期间。

南亚十二载游历生活，极大开阔了根敦群培的视野，也对其思想产生了根本性影响。当时的南亚是东西文化交汇之地，这为他了解和感受不同文化和价值观提供了广阔的空间和难得的机遇。由于身份和经历的特殊原因，这里的宗教文化自然成为他首要关注的对象。通过对印度历史的研究，他深刻地认识到宗教信仰对于社会历史和人类命运的影响，也了解到佛教，尤其是大乘佛教在印度本地的盛衰起伏及其背后的原因。

他通盘分析后得出结论：大乘佛教在其发源地印度的衰落，虽然有包括外教入侵、西方文化渗透以及现代科技挑战等许多复杂的客观因素，但其内部因素也不容忽视——它过于强调思辨，所以引发了持续的纷争，最终导致内部分裂和自我瓦解。在根敦群培看来，这正是重修行、轻思辨的小乘佛教仍然能够存续的重要原因。在锡兰期间，他接触到了以小乘为主的南亚佛教，感受到该教派在教义理论尤其是修持实践上的独特魅力。它们与以大乘为核心的藏传佛教明显不同：那里的佛教徒生活是如此朴素而清净，持戒是如此严格而纯洁，这一切都让根敦群培着迷不已。在他看来，这才是最完美的修行状态。

但与此同时，根敦群培发现锡兰佛教徒在思想和行为上显示出极端的保守乃至教条倾向，他们对包括藏传佛教在内的其他教派充满歧视和偏见，甚至"唯我独真"，缺乏包容和开放精神。对此，根敦群培流露出失望之情："总而言之，这些锡兰的比丘无不都是坚持己见、唯我独尊、唯我独真者，对于异见之道，不分黑白、不辨是非一概拒斥之。""这些拘泥于单一、固定之教理和修道的比丘，甚至表现饥饿的方式都效仿早期的六群比丘，颇感啼笑皆非。"[1]

值得一提的是，他在这里目睹了与传统宗教风格迥异的新生宗教，并注意到其吸引力和生命力。这种吸引力和生命力，源于其所奉行的原则与风格：不分教派，强调宽容与自由，注重实践与内心体验。由于它们主张宽容，强调实践意义和道德教训，个人体验和普世价值，获得了当地民众的欢迎，改宗现象十分普遍。"令人惊奇的是，伴随西方文化传入印度，一种新宗教随之形成，在那个耶稣（应该是一个基督教的传教士）看来，虽然不同宗教初看起来存在差异，若深究之，将发现如同千条河流汇进大海、条条大路通罗马，婆罗门教的梵天、伊斯兰教的安拉、佛教的乔达摩·悉达多，各自所尊奉、敬仰的对象，除了本质上'大我'这一无处不在、无时不有的伟大存在者之外，另无他有……这些教徒身穿橘黄色的服装、头戴黄色法冠，抚养病人和孤儿，严禁教派偏见。由于不触犯其他宗教和教派的利益，该宗

---

[1] 根敦群培：《根敦群培著作》（第2册），拉萨：西藏藏文古籍出版社，1996年版，第23~26页。

教正在迎来蓬勃发展的黄金时期，与此形成鲜明对比的是，拘泥于特定传承与宗义的传统时期，各派因教义之间的细微差异而将彼此视同仇敌。由于'智者'的绝迹及由此带来的思辨传统的消失，而出现的万物同归、一派祥和之景象，无疑是'诸愚者'之至上智德。"①

所以，根敦群培用"无所偏向"来为《白史》定下基调——实际上他也是这样实践的。《白史》采用了与以往任何藏族史学家不同的写作方法，详细地考证了赞普的年代，论述了他们的功绩和在吐蕃历史上所起的作用。在这部著作中，宗教和历史分得十分清楚，和过去很多带有浓厚神话色彩的藏文史书截然相反，其依据敦煌出土的古藏文吐蕃历史文书和古代碑文等史料、实物，对各个时期的重大历史问题做出恰如其分的结论。可以说，根敦群培是第一位运用敦煌古藏文考证西藏古代历史的藏族学者。《白史》因其考证严谨客观而受到国内外学者的高度评价。

另外，《白史》也是根敦群培主张历史"去神话化"的努力之一。因为根敦群培在多年的游历中发现：出于对宗教的盲从与迷信，西藏民众的认识与客观事实发生严重脱节。由于佛教经过后弘期的发展，已深入到藏族伦理道德观念中，从而对事物的评判也就失去了吐蕃时代的质朴风貌，似乎"若不说为佛语，西藏的贤愚人等很难置信……所以，真理一时到了向谬误让道的地步"。②

对此，根敦群培写道："若以浅显的道理解开难题，那些愚人非但不高兴，反而还会责怪你；若把简单的事情说得深奥难懂，他们却会对你敬畏有加。"所以，"当说到'是赞普的神通力使树木成兵、石头变马，然后以一根长草作桥渡过黄河大水'等，那些一年之事一日干完、一千人之事用一根

---

①根敦群培：《根敦群培著作》（第2册），拉萨：西藏藏文古籍出版社，1996年版，第158~159页。
②更敦群培著，格桑曲批译：《更敦群培文集精要》，北京：中国藏学出版社，1996年版，第77页。

手指完成的神奇故事时，愚人们便会被深深地吸引。于是，叫喊声、笑声不绝，流泪者亦有之。可你要是说'马年，赞普驻闻江朵宫，上下部之匪徒皆平。卡尔罗国遣使朝礼，我献骆驼马匹'等时，知此乃凡人之事，那些愚人们便不感兴趣，听者渐渐减少。大家也就选择前者，极尽钻研传播神奇故事之能事。就是此等幼稚的性情造成了真实历史的失传。"根敦群培的脚步行至西藏各地，但他看到的多是这样宁愿相信夸张的神话，也不相信朴实的佛语的"愚人"。他对此深感痛惜，于是力排众议，不怕诸多责难，勇敢而又坚定地写下了藏族史学史上第一部没有神话色彩的史书——《白史》。

《白史》也是去教条主义的力作。作为一位伟大的启蒙思想家，根敦群培认为，任何宗教，纵使其教义理论和修持实践如何不同，但根本上无不以提升人的道德境界和幸福、促进社会和谐和世界和平为目标和己任。因此，违反人性和道德的内容，即使包含在各自的教义经典中，但由于显然违背了宗教的基本精神和核心价值，也必须接受理性的批判和改造。宗教在历史和现实生活中之所以曾给人类社会带来纷争、战乱和灾难，其实是因为人们对宗教精神和价值的无知及其带来的迷信和狂热被别有用心的人利用了。

因此，根敦群培强调确立理性宗教的重要性，倡导理性认识宗教信仰、践行宗教精神的理念与实践，他说："理性的理解是佛法实践的主要部分，这一点很重要。"[①]理性地理解佛教，在根敦群培的哲学思考中，最重要的就是批判教条主义，摆脱纷争和偏见，实现宗教宽容，尊重信仰自由。没有宽容，便没有信仰自由，而没有信仰自由，真正的宗教信仰便无从谈起。对一个传统宗教社会来说，宗教宽容，不仅是宗教自身变得更为道德和文明之所需，同时也是构建统一、和平的社会政治秩序之所需，如若将无休止的教义分歧带入政治和社会领域，那么人类所追求和渴望的和平与秩序将永远得不到实现，宗教自身的根基也将因此而瓦解。

---

① ［法］海德·斯多达：《安多的托钵僧》，巴黎第十大学人类学研究会，1985年版，第301页。

根敦群培一再强调，作为佛教徒，不论来自何方，不管属于什么教派——大乘、小乘、密宗，当然也包括藏传佛教的诸教派，只要承认自己是佛教徒，信仰佛陀，共同致力于佛教的复兴，那么其他一切都显得次要。

旅居南亚期间，根敦群培目睹了包括藏传佛教在内的整个佛教面临的严峻挑战和危机。他清楚地意识到，这种挑战和危机不仅来自其他宗教，也来自现代科技，更是来自藏传佛教和佛教内部。因为藏传佛教和佛教内部教派林立，不同教派之间充满分歧和对立、偏见和歧视。这种分歧和偏见，严重阻碍了不同教派之间的对话与沟通、团结与联合，从而削弱了佛教的内聚力和整体力量。传统西藏是一个以宗教信仰为价值导向的传统宗教社会，宗教偏见和教派斗争根深蒂固，其漫长历史可以追溯到吐蕃时期。宗教偏见和教派斗争不仅仅限于观念之差异和思想之碰撞的无形理论层面，而且涉及有形的社会政治的对立乃至暴力冲突。这正是传统西藏难以前进的文化根源。

他深知对佛教的复兴和长远利益来说，教派之间的对话与融合，比围绕究竟哪个教义最正确、最深刻、最完满的无休止的争辩，显得更为重要和迫切。只有放弃纷争和偏见，基于同一祖师和教理之宗教情感和信仰基础，广泛地团结和联合，才能挽救佛教的整体颓势，实现复兴。更值得一提的是，在根敦群培看来，佛教的不同教派的教义理论有着千丝万缕的联系，你中有我，我中有你，对某一教派或祖师的批判和贬低，其实是对自己教派或祖师的批判和贬低，也就是说佛教的诸教派之间的团结和融合，不仅自有其迫切的现实需要，同样存在着深刻的历史渊源和理论依据。

根敦群培在创作《白史》前后所倡导和践行的信仰自由和宗教宽容思想，为藏传佛教走向理性、包容的现代文明指明了方向，这也是顺应时代发展和民众期望的必然选择。

偏执·争议

本来，故事讲到"荣归故里"的桥段——达官贵人造访，学法弟子云集，就该顺利结束。然而，根敦群培注定与富贵无缘，回到拉萨后，他时常还得靠替别人绘画、写诗维持生计。在印度游历十二年的珍贵经历不仅没有为他带来现实的裨益，反而成了他悲剧命运的开始。

因为，当固执与学识结合在一个人身上时，迎接此人的，可能就会出现外界的无情打压。

回到拉萨之后，根敦群培迅速展开撰写《白史》的相关工作，因为他感受到了急迫性——仿佛不抓紧完成它，西藏的历史就将缺失一块似的。根敦群培的紧迫感并非毫无根据，当初，他收到噶雪巴噶伦和赤江活佛的邀请函，才辞去印度的工作回藏。但回到拉萨不久，当根敦群培拜访他们时，赤江活佛很客气地对他说："以后你不论有什么困难，就请到我这里来！"而噶雪巴则别有意味地故作惊讶："你就是根敦群培吗？你怎么像个错那地区卖辣椒的商人？"

耿直的赤江活佛与以圆滑著称的噶雪巴正是根敦群培返藏后面临的两种境遇的写照。一面是众多僧俗对其学识的敬佩与仰慕，一面则是听闻他与西藏革命党有密切关系后，害怕危及自身，便迅速与之断绝交情。这样的反差让根敦群培深刻体会到人情冷暖，世态人心。

即便知道自己所处的政治环境并不宽松，根敦群培依然秉持自己固执的个性——十二年的游学生涯让他明白：与其在憋屈中苟且度日，不如在风雨中坚持自我。"做好自己，剩下的交给命运。"在那段时间，根敦群培经常用这句话来回答那些提醒他注意言论的弟子。疾恶如仇的根敦群培很不喜欢那些道貌岸然，用宗教来骗钱的僧人。他要求自己绝不能以出家人的身份去欺骗别人，他曾公开表示：自己已经败坏了"别解脱"（指持戒人从恶趣及生死轮回中解脱出来）的戒行，让世人不要崇拜自己。也正因此，他能以更平易近人的姿态来广泛地接触社会各阶层的人物。

根敦群培固守着作为一个"普通人"的本色，从他玩世不恭的言行上，人们也很难看出他是一位虔诚的佛教徒。一天，哲蚌寺的结巴堪苏·坚白赤列在街上与根敦群培偶遇。坚白赤列本想与他客套寒暄几句，根敦群培却一点儿也不循常理，对坚白赤列的恭维置若罔闻。坚白赤列不禁有些动怒，他半真半假地对根敦群培说："从你的言谈和举止来看，你很像一个异教徒。佛说：佛门不能和异教徒结友，从今以后请不要再来我处。"

根敦群培也不立刻反驳他，而是坦然邀其到自己住处："我是否异教徒，请您马上到我家去看看就知道了。"坚白赤列不知道根敦群培的葫芦里卖的什么药，便狐疑地跟着根敦群培来到他的住宅，只见床头柜上恭恭敬敬地供奉着一尊释迦牟尼的佛像。这时，根敦群培才以同样半真半假的调侃语气对坚白赤列说："我不知道自己算不算虔诚的佛教徒，但我至少不会像你们一样靠佛陀吃饭（指用宗教手段骗取钱财）。"坚白赤列被他噎得脸上青白不定，只得悻悻离开。

根敦群培不仅在待人接物上秉持耿直的个性，在学术传授上，他也采用了深受争议的诠释方法来教授他的中观哲学。弟子达瓦桑波对他的讲授做了笔记，同时把根敦群培早期写在纸片上有关《释量论》的著作合编成一部《中论奥义疏：龙树密意庄严论》。这本著作一经出版便引起佛教界的争议，因为它严厉批评了宗喀巴大师对中观哲学的诠释。宗喀巴大师是格鲁派的创始者，是根敦群培早期受教的两所学院——亚马扎西齐寺和哲蚌寺的精神导师。批评这样一位伟大先贤的理论，注定会被视为离经叛道，甚至是危险分子的标志。

根敦群培对于宗喀巴大师阐述的中观哲学的批评是很细微的，他发觉宗喀巴大师在区别"空"与"有"这方面说得过于深奥艰涩，尤其宗喀巴大师主张以"空性"来辩驳"自性有"。宗喀巴大师认为只有完全了悟空性，才能真正地区别出空与有的奥妙，因此他坚持禅观空性的第一步必须清楚地知道什么是自性有，而它又是如何在心中出现的。宗喀巴大师的弟子们试着解释其间的明显区别，认为最初对自性有的认同只是一种自以为是的臆测，而非确切的认知。然而，根敦群培的批评强调禅修时了悟空性不要满足于口头上卖弄一些自己并没有切身体验的言词术语。他主张：不论口头上做了什么样的区别，一个人必须根据事实辨明空有，而不是制造错误，放着主要对象不管，去反驳个别的自性。

一位内蒙古学者格西葛登曾经在拉萨的街上遇见根敦群培，后者将他带到一间小屋内，非常平静清晰地对他阐释自己的中观哲学。当时刚喝完酒的根敦群培看起来有点儿醉意，格西葛登对于他阐述观点时的清净澄明非常惊讶。这与他上回展示酒后作画的禅定功夫一样，是一种专注到极致、厚积薄发的表现。这也正印证了他自己的中观哲学精神。

其实，根敦群培并非反对格鲁派的一切学说，而只是反对他们在概念的厘清上，并不根植于经验的传统。然而，根敦群培显然在不自觉中伤害了格鲁派学者的立论。正如他在《西藏欲经》接近结尾时所说："检视一个人的经验，从小到老，我们的心态有多少的改变。信心怎么能够放入流行的概念呢？有时候即使看到一位天仙，我们也会感到厌恶；有时候即使看到一个老女人，也会燃起热情。有些东西目前存在，但稍后可能消失，而一些新的东西可能出现。数目字是不能够蒙蔽心的。"

格鲁派在解释有关"一念万年"以及"芥子纳须弥"的矛盾现象时，只说是因为佛陀的神通力才有此结果。对此根敦群培也不甚满意，他辩驳道：真正展现神通力的不是佛陀，我们无法把这矛盾的现象统一，是因为我们透过概念的心去思维，自然无法理解一念怎么可能有万年之长，芥子怎么能纳须弥。他建议格鲁派的学者们最好去阐述佛陀证悟的洞察力，而不是局限在凡夫有限的眼光中。

当然，从小浸淫佛法的根敦群培并非不相信佛，而是他认为："佛陀所说的话必须是信众能理解的。"很明显，这个观点对传统僧侣阶级来说是尖锐的，甚至是离经叛道的。他们认为根敦群培的《龙树》是如此"大胆"，一些顽固保守的格鲁派人士虽然不能否定根敦群培的卓越才华，却又不敢想象谁有如此胆量敢批判宗喀巴大师。甚至有些人为了中和这个矛盾，主张《龙树》的基本观点并非源于根敦群培，而是来自他的学生达瓦桑波。

如果根敦群培的固执仅仅局限在学术界，那么他也许不会经受接下来的牢狱之灾。奈何，根敦群培的政治见解同样"离经叛道"——这给他带来了巨大的麻烦。他在印度时和一些被驱逐的西藏政治领袖有来往，如组织了西藏革命党的邦达饶嘎。根敦群培认同这个改革政治运动，这可以从他替这个组织设计党徽中得到证实，党徽是一把镰刀、一把剑、一个织布机。根敦群培的这一行径在西藏政府内比较保守的官员看来格外刺眼。

在印度求学期间，根敦群培阅读过许多英文版的马克思主义书籍和各类科技书刊，因而视野更为广阔，思想境界越发提高。他始终认为西藏是祖国领土不可分割的一部分，这是不可改变的历史事实。他还说过："如果毛泽东能在西藏彻底完成马克思主义的革命事业，那将会对新旧事物的更替起到巨大作用。"意思是，只有彻底推翻西藏政教合一的封建农奴制度，才能实现祖国统一的大业。

这些言行被印度政府暗中监视，记录在册，并在根敦群培离开印度，返回西藏时，被添油加醋地反馈给了驻拉萨的英国官员。

1947年秋天，当时噶厦权势最盛者苏堪召集了一个委员会议——苏堪是20世纪40年代晚期西藏噶厦中最有权势的人，会议表面上指控根敦群培制造伪钞，实际上却是认定他从事颠覆的政治活动。苏堪随后指控他是共产党员，还指出他是苏联的间谍。更有甚者，根敦群培被捕的原因还包括应国会之邀草拟宪法，以及他在宗教上离经叛道的态度。

从根本上说，旧西藏是一个不容忍别的政治组织存在的地区，根敦群培以所谓"西藏革命党分子"的名目而受到迫害不是什么不可理解的事。噶厦担心邦达饶嘎等人的这一组织形成一种能够左右西藏社会变化的力量，因此当邦达饶嘎的活动情况传到拉萨后，噶厦便在拉萨全力打压异见分子，根敦群培的被捕也就事出有因了。

就这样，1946年7月的一天，根敦群培在自家被捕了。他的家门被贴上封条，原本络绎不绝的门庭自此尘封，直到几年后出狱的他用枯槁的双手，亲自揭开这层封印。

罪证·莫须有

谁也没有想到，一年多以后，那些口口声声称赞根敦群培的人竟会将他送进监狱。直到今天都没有人说得清他到底为何被捕，有人说他是特务，有人说他是共产党员，有人说他是因为得罪了那位噶雪巴曲吉尼玛，有人说是那位向他求教的洋大人送他进了监狱。可是，一切都像是谣言，尽是莫须有。无论如何，一位天才知识人的所有尊严和权利都在那一刻丧失了，这让他一瞬间身如浮云，心似死灰。

根敦群培在回到拉萨九个月后，也就是1946年7月被捕。那天，根敦群培还在自己的住处向达瓦桑波讲授"中观学说"和辩论方法，噶厦悄悄派人前来逮捕他。

"你们干什么？"根敦群培对突然闯入家里的几个陌生人感到怒不可遏。

"根敦群培，你因涉嫌参与一起假币案，被捕了！"为首一人狠声呵斥道。

"笑话！"听了他的说辞，根敦群培更加愤怒，"我怎么可能造假币？你们有什么证据！"

"先跟我们回去，你自然会看到证据！"见根敦群培有反抗的意图，来人不由分说地将他制伏，匆匆带走，只留下错愕的达瓦桑波愣在当场。

噶厦并非一时心血来潮才下令逮捕根敦群培。1946年，英国的文献中至少有三次提到根敦群培,这反映在英国驻拉萨使团成员与英国驻锡金官员之间的信函中。这些信函显示,西藏政府外事局对根敦群培的活动了如指掌。据外事局的说法,"根敦群培不断地请求同噶伦们进行交谈,揭露藏传佛教的腐化堕落,颂扬'具有新思想的贤哲',并吹嘘纳粹主义的功绩。"[①]总之,外事局认定他的处世方式古怪,甚至偏激。

基于这种理由,西藏政府在根敦群培不知情的情况下,将他置于监视之下。10月17日,英国驻锡金使团的官员霍普金森所收到的信件涉及邦达饶嘎的案件:"在致根敦群培的一封信中,邦达饶嘎认为,传播共产主义运动的时机尚未成熟,目前,西藏革命党的活动应当继续开展下去。"[②]从此,根敦群培就被牵连到在西藏传播共产主义的计划这件事上。他还因与商人夏莫噶波有联系而受连累,夏莫噶波曾将邦达饶嘎寄来的钱暂时存放在他那里。尤其值得注意的是,根敦群培由于具有新知识和新思想而成为一位越来越受欢迎、影响日益扩大的人,因此,噶厦感受到极大的威胁,必欲除之而后快。

从受到猜疑,到时有舆论谴责,再到被官方强加上种种罪名,根敦群培在黑暗的现实面前,几无还手之力。噶厦费尽心思把他与种种新思想、新观念联系在一起——反帝思想、民族主义思想和共产主义思想——的行为,恰恰给了后世尊崇他的理由。

根敦群培的学生李有义在《回忆根敦群培》一文中写道:"根敦群培是一位很有头脑的藏族学者,他在和我的谈话中不时表达对当时社会的不满,他主张社会要进行变革,他的思想很激进,以致为寺院所不容。在寺院的辩论会上谁也辩不过他,但僧侣上层都视他为危险人物,因为在这期间国内的解放战争正在激烈进行之中,西藏地方政府隐隐感受到威胁,他们对任何有进步意义的事物都很敏感,对共产主义思想则视为洪水猛兽,偏巧根敦群培却不断地表现出他希望社会出现变革。导致他后来被害的原因,是他藏有一

[①]杜永彬:《二十世纪西藏奇僧:人文主义先驱更敦群培大师评传》,北京:中国藏学出版社,2000年版,第125页。
[②]同上。

张毛泽东的肖像。他在外国住惯了,没有政治的警惕性,有时和人们说话时,会把毛主席的照片从怀中拿出来给人看,并且说看吧,这个人将改变中国,也将改变世界。他说话是无心的,但听众中却有人注意了他的谈话并且偷偷地向政府告密。"①

根敦群培被捕的消息传来,他的友人迅速分化成两极:一方积极营救,一方则立即与之撇清关系。据然扎活佛回忆:"几天后,加钦雪仲突然跑来,惊恐地说,'我不再参与根敦群培的这件事了',从他的表情可以看出,这是非常严重的。"他们听说:邦达饶嘎和他的同伙写了一封反叛噶厦的信,在签名者当中就有根敦群培。而这封信,已落入噶厦的手中。

当时,然扎活佛的侍从声称,有一名东钦素的夏尔巴商人和根敦群培在一起。他们两人被指控伪造藏钞,由根敦群培绘制藏钞图案,这个商人将这些假钞拿到市面上流通——显然,这样的罪名太过滑稽。但以噶厦的逻辑:根敦群培是著名画师,对外宣称藏币假钞上的图案由根敦群培所画是可以服人的。就这样,一位博古通今、多才多艺的高僧大德,瞬间竟成了伪造假钞的阶下囚。

从根敦群培家抄走的英文书籍全部交由黎吉生审查,黎吉生是驻拉萨的英国代表,正是他在接到印度政府的通报电话后极力唆使噶厦逮捕根敦群培的。就在根敦群培离开印度时,印度政府致电黎吉生,称根敦群培在印期间曾参与印度共产党,并指出同党人有邦达饶嘎、江乐金、土登贡培等人。

事实上,根敦群培仅仅是因为作为一个正直的热爱本民族、热爱祖国的学者,不愿违背自己的良心去为帝国主义侵略势力卖命而已。黎吉生在仔细检查根敦群培的著述和书籍一无所获,情急之下,竟然在根敦群培收藏的一本人物传记上写下"危险品"的字样。

最让根敦群培难过的不是大量书籍被查抄,而是《白史》的撰写被打断。根敦群培在1946年11月30日给霍康的信中写道:"本来我曾想到,写这

---

① 李有义:《李有义与藏学研究》,北京:中国藏学出版社,2003年版,第60页。

本书（《白史》）的过程中会有挫折，但是却没有料到挫折竟有这么大。"当然，根敦群培并未彻底死心，他援引宗喀巴大师的名言，称这只是"上师教诫不严，何以遭受切难"罢了。他向弟子说道："如果赞舍真有守舍神（即守护人体某部位的神），并能真正发挥威力的话，那么，我完成这本书还可能有一线希望。"

就在根敦群培仍尽量保持乐观时，黎吉生唆使噶厦专门设立了一个由札萨克、马基（藏军司令）等四品以上官员组成的所谓"审讯小组"。这对根敦群培来说倒算是个好消息，因为他本就是个天才的辩手。

因此，在接受审问时，根敦群培向法院坦然说道："仅就我的这部王统史，就足以证明我对西藏并无任何恶意。"

但审讯者借题发挥："你这本王统史书可能对西藏产生好处，但与你同邦达饶嘎秘密往来的害处相比较，究竟哪个大呢？"

根敦群培故作讶然："我何曾与邦达饶嘎秘密往来？我在印度期间交友甚广，与邦达饶嘎也只是正常礼节性地来往。"

审讯者不依不饶："但是我这有印度政府发来的秘密文件，上面显示你与邦达饶嘎等人过从甚密，甚至还为他们设计过党徽！"

对此，根敦群培矢口否认："印度政府的秘密文件？这完全是造谣！你们如何确定这份从千里之外传来的情报的可靠性？"

审讯者闻言轻蔑地笑道："我们不需要证明，我们愿意相信，它就是证据！"

"你！"自负辩才超群的根敦群培没料到审讯者竟然如此不讲理，一时语塞。

虽然根敦群培是个辩论高手，但高强度的审讯还是让他有些吃不消。根敦群培只能在信中向弟子发牢骚："真是颠倒是非，诬陷好人！我虽没有写完这部王统史，但我有无'罪恶'，及其大小，相信将来日出冰消，在西藏所有明智者面前自然会有公论的，到那时我也就心满意足了。"在信末，根敦群培还特意嘱咐弟子，将他写的一首颂诗附在《白史》文末，并写上：

"这部没有终卷的王统史到此暂告结束。"

《白史》暂告结束,但根敦群培的信念未曾终结,在之后给霍康的信中,他附上了这样一首诗:

> 这里有一个谁都不易理解的问题,
> 即"永仲"神之登天长绳,
> 将众生无边之法性系于心灵上,
> 将心灵之爱子系于躯体上,
> 又将躯体之石垛系于饮食上,
> 将饮食又系于外部条件上。
> 如此一绳一扣,
> 没有割断之处,
> 不过也有将断处,
> 只是谁都不愿选择它罢了。
> 因为切断这个,
> 就等于切断了躯体和心灵的联系,
> 生命也就要随之终止。
> 还有一个谁都不可理解的割断处,
> 便是当这条绳索腐烂时,
> 本性与心灵混为一体。
> 心灵是无际之仙女,
> 这宇宙本不是仙女之故乡;
> 从心灵仙女的一个脚趾被这条绳索系于躯体之上起,
> 直到这条绳索崩断为止,
> 躯体受什么,心灵也受什么,
> 捆缚小脚趾时仙女有束缚之感,
> 小脚趾作痛时仙女也作痛;
> 给小脚趾以什么样的利弊,

仙女就担受什么样的利弊；
看来还是断掉这条绳索好，
可是宇宙万物都惧怕断掉它，
全都设法保持这种联系；
但又看到这条绳上到处缠绕着荆棘，
为了防止荆棘的芒刺，
都各修各的一套本领；
都在忙于从事这种防刺的差使；
直到死亡为止。
这种无可休止的忙碌，
亦是大家公认的来世事业。
有宇宙般的心灵之一部分，
陷入血肉构成的躯体泥潭时，
才会领悟这无穷无尽无休的寒暑、饥渴、盼望、猜忌、恐怖之痛苦。
只要进行百折不挠的努力，
这被知识点缀的躯体，
依照法性女天王之授记，
多少还能维持几年生命。
我的道歌就唱到这里吧！

从这首狱中道歌里我们可以清楚地看到：根敦群培尽管无辜受辱，身陷囹圄，处于悲惨的境地，但始终用轮回法性和生无常之道来安慰自己。他把眼前的一切事情和所受的各种磨难看作是命里所注定的、可悲而又可笑的儿戏，并以侥幸取胜的心情来减轻自己心灵深处遭受的痛苦。

根敦群培从狱中传出的诗篇激励了追随他的弟子。当时，针对噶厦怀疑根敦群培参加西藏革命党，并与印度共产党有联系，企图颠覆噶厦的指控，他们极力反驳。长期研究根敦群培的藏族学者热贡·多杰加在其专著《根敦群培》中称："土登贡培在印度的时候获悉英国人欲占领门达旺地区的企图而立即与根敦群培、江乐金·索朗杰波和饶嘎进行协商，决定委托根敦群培装扮成乞丐去往门巴地区调查被英国占领的地方并绘制地图，他们把调查所得的材料以匿名的形式寄往西藏地方政府，不幸的是西藏地方政府中的亲英派官员收悉了这些资料并向英国方面通风，故此，英印警察时刻都在跟踪他们的行动，并歪曲事实、制造谣言，向当时驻藏英国官员黎吉生谎报称根敦群培已加入印度共产党及由饶嘎、江乐金和贡培发起成立的'西藏革命党'，这些都是强加在根敦群培身上的纯属谣言的东西。"

作为根敦群培得意门生之一的然扎活佛在其《根敦群培传》中则称："饶嘎等人在给噶厦提交的一份要求其改变现行体制的报告中称他们已在噶伦堡建立某组织，并勉强地签了根敦群培的名字，谎称其为该组织的一员。饶嘎在这份提交给噶厦及三大寺的报告中，代签了当时生活在拉萨的对革命思想有兴趣的很多人的名字。"十一世戈登活佛洛桑丹增在采访了大多数与根敦群培有过接触的人物后，下了这样的结论："很难判断根敦群培是否加入'西藏革命党'，但可以肯定一点，即根敦群培是一个对西藏改革有着浓厚兴趣的人，他深知当时的西藏噶厦的政治制度很难延续下去。根敦群培喜欢并擅长于政治思考，但不是一个真正能参加政治事务并做实际工作的政治家。实质上他是一个学者和研究者，并不是个能够扮演政治角色的人。但是俗话说得好，'不控制红舌头，圆头颅则受罪'，不幸和冤枉终于降到他的头上。"[①]

事实上，噶厦在对根敦群培的财物进行搜查后，的确没有找到有价值的线索，只发现了有关藏军的数目、武器、弹药等几个数字和关于拉萨权贵的人物简历以及关于边境地区的资料。搜出的一只大箱子里，装的全是与根敦群培正在撰写的西藏历史专著《白史》有关的笔记、草稿和论文。噶厦执意查看他所有的写作数据，但没有一项能使他入罪。

[①] 尕藏扎西：《根敦群培与"西藏革命党"考略》，载于《西藏民族学院学报》，第34卷第5期。

第五章　诸事颠倒，自有安排

充满威逼利诱的审问无果后，噶厦竟然无耻地采取鞭打的刑讯手段，还企图把平常和他有来往的一些友人和学生也一起牵连进去。但根敦群培在酷刑逼供之下，表现出了藏族人民威武不屈的坚贞气节，噶厦没捞到任何把柄。然而，尽管欠缺实质的证据，根敦群培还是以罪犯之名被关在了朗孜厦监狱。

朗孜厦监狱位于拉萨市老城区八廓街北段，南依大昭寺，是一座典型的藏式建筑。虽然地处闹市，但自1959年3月28日被正式关闭以来，朗孜厦几乎从未对游人开放过。现在每年到拉萨旅游的人很多，他们热衷于参观那些金碧辉煌的寺庙，随着熙熙攘攘的人群转热闹的八廓街，对近在身边的朗孜厦从未投去太多的目光，在他们眼里，它或许是西藏众多寺庙中的一个罢了。

朗孜厦的大门开在第二层。今天的你若是推开大门，一股令人作呕的腥臭味便会扑鼻而来。因为监狱楼内一片昏黑，外面明媚的阳光只能从一个天窗射进来，昏暗中的阴森不仅让空气变味，也让人觉得阵阵发冷。进门后，首先映入眼帘的是一个地牢天井，从井口向下望，里面只有方桌大小的一块阳光，犯人们在此只能喝到雨水。这里是关押"重刑犯"的地方，里面曾施行骑铜马、站笼、戴木枷、脖子上挂石环、胸口上压石头、戴石帽等酷刑。

朗孜厦的二楼有九间牢房，每间只有一个很小的窗口，里面一片漆黑。这里是关押一般囚犯的地方。监狱的几根木柱子上有人啃咬的痕迹，这是当年饥饿的囚犯留下的。在一处墙角陈列着皮鞭、铁球、脚镣、手铐等刑具，虽已锈迹斑斑，但仍狰狞骇人。根敦群培就曾在这里遭受噶厦的无情折磨。

除了朗孜厦，布达拉宫脚下还有一个更为令人恐怖的雪列空监狱，那里有一个深不可测的地洞，是当年对付平民的地牢，百姓俗称"蝎子洞"，里边曾蓄养无数手掌般大小的蝎子，专门噬咬犯人。在对根敦群培百般讯问无果后，他被当局送到了雪列空监狱。在这里，他虽未遭受肉体上的毒打，但精神上的打击却是一重接着一重，让他接近崩溃。

囚徒·酷刑

根敦群培以对传统文化和西藏佛教进行反思与批判而出名，这与"新文化运动"的主将鲁迅具有相似性。但是，鲁迅的处境显然比根敦群培好得多，因为鲁迅的思想具有社会土壤和民众基础，还有一定的生存空间，他所受到的孤立和压制，主要来自统治集团，而广大民众则成为其反封建、反传统、反迷信的坚强后盾。

根敦群培的处境与鲁迅不同，由于佛教主宰着西藏地区，因此根敦群培离经叛道的言行实际上是在与整个封建农奴社会和政教合一体制作对，得不到社会和藏族僧俗民众的响应和支持。因而西藏政教统治集团在迫害时就可以肆无忌惮，不但将其作品列为禁书，而且还任意罗织罪名将其监禁，对其身心加以摧残。身陷囹圄的根敦群培不仅要遭受来自皮鞭的笞打，还要经受众叛亲离的内心考验。

幸运的是，还有一群忠于他的弟子在为他多方奔走，这让他在监狱中的处境有所好转，最重要的是，没有让他那颗炽热的心被残酷的现实冷却。根敦群培被捕后，弟子们竭尽全力营救。然扎活佛回忆，得到根敦群培被捕的消息时，他们商议后决定兵分三路：由霍康去拜访噶伦索康与孜本阿沛，雪仲洛桑德曲前往噶伦彭康家，然扎活佛则到然巴和噶雪巴两位噶伦家去说情。他们拿出压箱底的财产，每人带了二十五秤藏银（一秤合藏银五十两）作为他们求情的"担保"。

然而，这次拜访噶厦中最有权势的噶伦的行动被证明是徒劳的。

实际上，由于受英国人所提供的带有偏见的情报的影响，加上对来自噶伦堡的谣言的恐惧，噶厦对根敦群培及传言宣称的"他背后的西藏革命党"十分恐惧，从他们一点儿也不愿意向西藏人透露这个秘密党派在拉萨活动的范围，就可以看出来。其实，他们还没有搞清楚该党的详细情况，只是感觉到它似乎已渗透到了噶厦内部，因此对所有抓到的与该党相关的人士，都严加看管。

与弟子们的营救形成鲜明对照的是，与根敦群培具有很深私交的噶雪巴，再一次对他落井下石。据然扎活佛说，噶雪巴在指控根敦群培的事件中扮演了背信弃义的角色。

噶雪巴生于贵族世家，他与根敦群培自20世纪30年代就建立了联系，因为在根敦群培的贵族施主中，噶雪巴也是其中之一。根敦群培知恩图报，曾为噶雪巴的住宅作过虎纹图案装饰。到印度后，又将《欲经》的一部手抄本寄给噶雪巴，并且还寄给他一部《印度圣地旅游纪实》的复本。根敦群培从印度回到拉萨后，曾任噶雪巴之子的英文教师，他还将《白史》第一版的唯一一部手抄本借给噶雪巴——后来根敦群培费了很大的劲才将其收回。

但是，原本还算融洽的关系因一次意外而破裂。一天，根敦群培来到噶雪巴家中，把他翻译的《法句经》藏文版第一版的样书送了一部给他。这位权势显赫的噶伦拿着这部经典翻阅了很长一段时间，最后装模作样地评价道："这才是真正的语言，是密宗师所讲的实话。"

直爽的根敦群培知道他是为了彰显身份而班门弄斧，忍不住笑了两声。随即，根敦群培从噶雪巴尴尬的脸色上意识到了不妥，便用打哈哈的方式解释着，力图使人相信他发笑是因为此时一盒火柴掉在了地上。然而根敦群培的这种机灵并没有起作用，噶雪巴在他自己的安乐窝里暴露了他的无知，他憋得满脸通红，会面变得鸦雀无声。根敦群培没有别的办法圆场，只得找了个理由匆匆离开。

正是这次尴尬的会面，让噶雪巴日后成了压死根敦群培的最后一根稻草。

根敦群培被捕后，他的朋友和弟子纷纷请求拜见噶伦，询问被捕的原因。然扎活佛首先询问他的亲戚僧官噶伦然巴，最终无果。他又到噶雪巴家打听，遭到噶雪巴父子的冷落。然扎气愤地说："当这些领导着噶厦的卑鄙无耻的小人可以肆无忌惮地否认既成事实时，人们还能指望什么呢？他们毁灭了这些卑贱的人，甚至连他们的亲朋好友也不放过。"然扎在噶雪巴家巧遇根敦群培的亲密朋友贡如格西赤美，他曾夸耀自己有根敦群培这样一位朋友。"当根敦群培坠入地狱的深渊时，这位格西没有找一个词为他辩护，还鼓动他的弟子也不要这样做，并说：'不要撒谎。'真是荒谬！"

噶厦已认定根敦群培是与他们为敌的"政治犯"和持不同政见者，只是没有公开声明。在这种情况下，任何营救方式都只能石沉大海。几番来回后，弟子们终于放弃了营救的念头。他们改为买通狱卒，改善根敦群培在监牢中的处境。根敦群培的弟子之所以对他如此忠诚，除了敬重他的学识与智慧，也是折服于他的诚挚为人。例如在入狱前撰写《白史》时，根敦群培受到弟子霍康的帮助，便一再向他表示："这次能着手撰写王统史，还得到你的帮助，真是太好了！"霍康本是向根敦群培学习英文和藏文的，对其帮助一二是理所应当，而根敦群培却一直记挂在心，可见他具有谦虚之怀和诚挚之心。这样的情怀，也让他在身陷囹圄时不至于孤立无援。

根敦群培被关押在朗孜厦监狱二楼南面的一间小屋里，他常被带到大昭寺南面去接受噶厦专门委派的审讯人员的审问。根敦群培被捕入狱后，然扎活佛的姐姐送去了一床被子和一些食品，并买通了一名满脸胡须的狱卒，让根敦群培少受一些折磨。随后，他们又陆续送去了一些物品。根敦群培虽然经历坎坷，但在此之前未曾遭遇身陷囹圄之苦，因此刚被逮捕时，他如常人般惊慌失措，彻夜未眠。直到弟子千方百计为他送来物资与安慰的口信，他才稍感安心。作为"回报"，根敦群培送了几首写在烟盒碎纸片上的"华美诗词"给他们。在这些诗词里，弟子们感受到根敦群培的乐观精神，心中甚是安慰。

由于根敦群培在民间的声望与在僧侣中的地位，当局一开始并未对其施以酷刑。他在朗孜厦有一间设在高处的"安静而整洁的"房屋，他也不必戴脚镣和手铐。根敦群培在寄给哲通的笔记中感谢他们对"无依无靠、居无定所的安多流浪者"表示的慷慨："尽管我在狱中遭受了极大的痛苦，但是我满脸真诚，我认为自己是清白无辜的，在我的精神深处总是充满着喜悦。"在朗孜厦，监禁的条件并不坏，根敦群培在狱中还收到许多信件，其中有一封是五世嘉木样写来的，他还收到那些忠实的朋友送来的礼物。但是，由于不提供纸张和墨水，他只好把回信写在空烟盒上。

在狱中，根敦群培给学生写了一封信，他称："相信这次我的大小罪名究竟是什么，将来在西藏的有识之士面前定会做出判断，到那时我也会感到心满意足。"虽然他坚信历史会给他一个公正的裁决，但他手头未写完的王统历史不得不暂时停止了。

随着时间推移，噶厦对西藏革命党的调查长期一无所获，从而失去耐心，由此加大了对根敦群培的审讯力度。1947年正是西藏历史上最为动荡的一年。这年春天发生热振事件，失势的爱国派前摄政热振欲推翻搞阴谋的亲英派摄政达札，却不幸被害。支持热振的色拉寺杰扎仓僧人与西藏地方政府发生武装冲突，结果杰扎仓被洗劫，热振的许多亲信被处死和流放。西藏贵族中的亲帝势力大为抬头，他们与帝国主义相勾结，阴谋分裂祖国。这一年噶厦组织了两个代表团到国外活动，一个是参加在印度召开的泛亚洲会议的代表团，另一个是所谓的"西藏商务代表团"。因为这时国内正在进行解放战争，国民党政权节节败退，眼看人民即将取得胜利，西藏的农奴主集团一片恐慌，疯狂地进行分裂活动。

因此，根敦群培从被"礼遇"改为了暴力审讯。他的弟子喇琼阿波回忆道："被监禁在朗孜厦之后，他遭到多次鞭打，所遭受的痛苦是难以想象的。"台吉桑颇和扎萨坚赞被指派为根敦群培调查委员会的成员。对根敦群培的审讯在大昭寺南侧进行，这两名审讯员按照惯例向根敦群培提问。显然，根敦群培并未如他们所愿地供述西藏革命党的底细，但这二人钦佩根敦群培的学识与地位，并未对其进行肉体刑罚。这样的结果让当局恼怒，噶雪巴坚决要求他们"按照噶厦的规定"重新审讯，并且要"恩威并用，软硬兼施"。由于那些"像闪电一样反应敏捷，像'辩才天女'一样善辩，能够迅速地反观过去、审视现在、预测未来"的精明狡诈的政客的威逼，两名审讯员"在不得已的情况下，只好建议处以五十皮鞭的刑罚"。

然扎活佛回忆称："后来我遇见根敦群培时，他对我说：'与其他囚犯相比，我被抽打五十皮鞭一点儿也不算重。可是对我来说，有生以来还没有受过这种虐待，这太残忍了。'"然而，即便在残忍的刑罚与审讯下，根敦群培也仍未屈服。他的肉体自幼便脆弱，但他的精神世界一直无比坚韧，再厉害的皮鞭也无法将其抽断。

蛰伏·获释

"杀了我吧！求求你们杀了我！"

凄厉的惨叫声回荡在阴森的地牢中，让人不寒而栗。根敦群培努力地堵住耳朵，但那绝望的哀号还是穿透了他的手掌，闯入了他的耳朵，并狠狠地刺在了他的心上。根敦群培猛然一拳打在墙上，但除了簌簌落灰和刺骨疼痛，什么也没有改变。

这是噶厦对根敦群培的精神拷问——如他这般拥有坚定信念的人，任何肉体上的拷打都是徒劳的，只有让其他人受刑的哀号声一次次传到他耳中，才能像锋利的藏刀一样割开他那高昂了一生的头颅。

咕咚！咕咚！两口烈酒下肚，根敦群培的意识渐渐模糊起来。为逃避这比鞭笞自己更严酷的精神刑罚，根敦群培开始用酒精麻醉自己的感官。这样，当惨叫声传来时，他才能感到不那么痛苦。

1948年2月，拉萨举行祈愿大法会，按照惯例，朗孜厦监狱的犯人在法会期间都要转移到布达拉宫底下的雪列空监狱，等法会结束后再转回朗孜厦。由于噶厦始终找不出根敦群培有罪的证据，所以法会结束后，其他犯人都被押回朗孜厦监狱，根敦群培却被留在了雪列空。

雪列空位于布达拉山脚下，是一座二层石砌楼房，平面为矩形，底层有中央大厅，北壁沿山坡建筑，没有窗户，只用作仓库。南面是十根柱子的大门廊，有楼梯通往二层。门前还有一个小广场，在这里除了进行一些宗教活动,还用来审判犯人。罪犯在此被审讯、判刑后送到雪列空关押。

关于雪列空的条件,总检察官说,那是一个散发着臭味的偏僻阴暗的角落,上面盖着一道开着天窗的栅栏。据尊珠坚赞叙述:"这是建在一座大庭院附近的一座建筑物,室内的条件并不太坏。在他的单人房间里,有一张加高的简易睡炕,上面铺着麦秸床垫,还有一张桌子。由于食物不足,他便通过绘制唐卡来改善自己的伙食……当我去看望他时,我登上屋顶,走近呼喊他,有人放下一个楼梯,他上楼来看我。我们在没有任何人监视的情况下自由交谈。他的精神状态很好,没有喝酒,可是,没过多久他就病倒了。他常常对我说:'我是无用的人。'"①

在雪列空生活期间,根敦群培为了报答弟子然扎活佛各方关照的心意,继续在废纸片上写诗,然后通过狱卒送给然扎活佛。其中一首诗这样写道:"漆黑的放映室中,展现着我们的精神,白光映照在屏幕上的,是法性、空性,在这种光明中所出现的各种形状,是虚幻的现象。女王,场面中的这位红角,她的魅力千姿百态,她的眼泪和笑容,她的美貌和丑陋,她的可爱与可恨,全都是因缘所致。"②根敦群培认为一切都是因缘,所以他虽然常常被凄厉的惨叫声折磨得彻夜难眠,但还是一天天、一夜夜坚持了下来。他像一只在痛苦中默默蛰伏的猛禽,雪化笼开之日,便是他再次飞翔在苍穹之时。

时间流逝,时事推移。噶厦已经不再怀疑根敦群培与西藏革命党的关系,但他仍旧被关押在雪列空中,因为他们相信,这个不安分的家伙还是待在这里更好一点儿。那段时间里,两名鲁本康村的"浪荡僧"开始为根敦群培的获释而四方奔波。至于哲蚌寺的喇嘛,尤其是果莽扎仓的僧人都反对向他提供任何帮助——这不仅是由于这是一桩政治丑闻,也是因为根敦群培实际上已经还俗,与他们无关。因此,帮助根敦群培的义务就落到了他的同乡身

---

① [法]海德·斯多达:《安多的托钵僧》,巴黎第十大学人类学研究会,1985年版,第240页。
② 杜永彬:《二十世纪西藏奇僧:人文主义先驱更敦群培大师评传》,北京:中国藏学出版社,2000年版,136页。

上。他们就是更敦索巴和鲁本康村的行政官班丹洛珠。

他们花费自己的钱财去奔走，为了求得噶厦对根敦群培特赦，他们跑遍了各个行政衙门。据称："他们各自把那双为喇嘛特制的长筒靴都穿破了。"而且每次前去，他们都得送礼给达官显贵。让他们愤愤难平的是，尽管这些达官显贵不能答应他们所提出的复核调查的请求，但是对送来的礼物却都照收不误。

"看到他得意时到身边致敬，看到他遭难时就远远躲开，这种平常的人情世故道理，很早以来我已看得很清楚。"根敦群培在监狱中写了一首诗，从中可以看出他孤立无援的处境："由于嫉妒而成为疯狂猛虎，在其恐怖的虎啸怒吼之中，我这孤立无援的贫弱学子，只望能得到有学识者的慈悲。"[①] 若不是更敦索巴与班丹洛珠坚持不懈的努力，也许根敦群培最终会死在雪列空中。他的大多数朋友，甚至包括最忠实的朋友，都因政治问题的恐吓，先后离他而去。他的弟子拉吉·阿旺顿珠也只来看过他一次。很显然，经常去看望根敦群培是十分危险的。只有根敦群培在果莽扎仓学经时的同窗老友、住在鲁本康村的两名喇嘛照料着他，就是更敦索巴和尊珠坚赞。

根敦群培被捕时，他请求给予的唯一优待是，保存好他西藏历史的笔记。入狱前，他的房间里除了床上，到处都摆放着他的手稿。这些手稿全都分类排列，他不允许任何人接触它们——据说这是他从事敦煌古藏文手卷和西藏等地的碑铭研究多年的结晶。他的弟子回忆道："他请求将他的文献按顺序存放，可是噶厦并不懂得这些文献的重要性。检察官们毫不在意地将这些手稿和文献收在一起，然后将它们扔进一个黑色旅行箱，便于携带和审查，后来，这些文献便散失了。"[②]

[①] 恰白·次旦平措，诺章·吴坚，平措次仁著，陈庆英等译：《西藏通史·松石宝串》，拉萨：西藏古籍出版社，1996年，第967页。

[②] [法] 海德·斯多达：《安多的托钵僧》，巴黎第十大学人类学研究会，1985年版，第247页。

索康声称，在根敦群培被审查期间和结束审查之后，由他保存着这些手稿和文献。哲通和达拉则断定，这些书稿被索康和夏格巴瓜分后攫为己有。普遍认为，夏格巴窃取了所有历史笔记和手稿，并将其用来撰写他的《西藏政治史》。噶雪巴和霍康收回了一些书稿，喇琼阿波保存下来两份手稿。

　　由于噶厦的查抄和贪官的掠夺，根敦群培的笔记和手稿等文献大多散失，致使其多年心血付诸东流，这对他的学术研究和著述造成了无法挽回的巨大损失。关于《白史》的写作过程，霍康·索朗边巴有详细的叙述："根敦群培在国外各地居留时，通过对藏族的深入研究，感到有重新编写一部完整的西藏历史的必要，并着手收集有关资料，对从新疆和敦煌出土的一部分古藏文原始资料做了深入的研究。由于当时不具备写书的条件而未能动笔。"回到西藏后，撰写《白史》的条件成熟，根敦群培让霍康协助他实现这一夙愿。但是，治学严谨的根敦群培在动笔之前，还让霍康专程陪同他到热玛岗和乌香多考察吐蕃时期的石碑等古迹，以便收集文物资料，与文献材料相互印证。他说："用噶琼这个碑铭可纠正过去史书上的一些错讹。"《白史》的写作地点，是霍康位于罗布林卡的办公室。根敦群培在身处逆境的情况下写作《白史》，正是"傲骨如君世已奇，嶙峋更见此支离；醉余奋扫如椽笔，写出胸中块垒时"。

　　后来，根敦群培又得到了被收缴的手稿的零散片段，其中有几页即是他所撰写的《锡兰记事》的残片。他成了一名史官，却被剥夺了自己的笔记和书稿，而且还受到软禁。

　　根敦群培在狱中时，想到自己为继承、发展和弘扬藏族的文化，不顾辛劳和危险，尽了一切力量，而西藏地区当时的当权者却敌友颠倒，对他进行超出常理的残酷迫害，他对此感到极度的失望灰心。在这样的境遇中，除了用酒麻醉自己，他找不到别的解脱办法，同情他的人也只有送去酒食宽慰，因而使他养成了酗酒的习惯。此后，根敦群培每天起床后如不饮酒，浑身就会不由自主地颤抖，十分难受，而长期过量地饮酒，又使他的身体被戕害得更加虚弱。

亲缘·消沉

根敦群培归藏后，得知自己竟然有一个三岁大的女儿，喜不自禁。他心知自己多年在外游历，对妻子次旦玉珍和女儿格吉央宗很是亏欠，但他还没来得及为她们弥补一二，就被关进了监牢。根敦群培本想把自己从印度带回来的一些物资交予她们母女打理，但这些财物统统被噶厦以涉案为由扣押了。

根敦群培从印度带回来的两个箱子里基本全是外版书，这对当时相对封闭的西藏来说，还是颇有价值的。但"识货"的索康·旺钦格勒噶伦和功德林扎萨等人拿走了它们，最后只把一只空箱子还给了玉珍，另一只空箱子则被索康的秘书拿走了。根敦群培随身携带的一只欧米茄手表和一只金戒指也被朗孜厦米本"没收"，自此不见了踪影。

根敦群培不仅没能为妻女留下财产，他的被捕还让她们的处境更为艰难。为防受到牵连，玉珍只好将当时还不满3岁的女儿寄养在大昭寺西边鲁布的一个名叫阿觉的卖烙饼的人家里，她自己则搬到了旺堆康萨去居住。

一晃三年，噶厦始终没找到根敦群培的确凿"罪证"，而监狱中根敦群培的身体则是一日不如一日。如果根敦群培死在牢里，他们将受舆论议论，在1949年藏历土牛年冬天，在哲蚌寺果莽扎仓的担保下，噶厦放出了根敦群培。可笑的是，从未找到根敦群培犯罪证据的噶厦，竟然还让根敦群培写了一封保证以后守法安分的甘结[①]。

[①]甘结：旧时的一种画押字据，相当于保证书。

根敦群培的出狱并不像官方形容的那样顺理成章，其中还要感谢不少有识之士。贵族中的许多知名人士均参与到根敦群培获释的事件之中。尤其是鲁康哇，他不止一次质问噶厦："为什么在土登贡培和江乐金都回到拉萨之后，还要把根敦群培关押在狱中？"

朗色林也为他说好话，这位刚从流放地归来的噶雪巴旁敲侧击地向噶厦建议说："就算是为了利用根敦群培，释放他也比扣押他更好。"

朗色林对噶厦的"建议"的确是噶厦释放根敦群培的重要因素，玛雅活佛和格隆在评论噶厦释放根敦群培的动机时就明确指出："当他们感到吉祥和平安时，把根敦群培关进了监狱，当汉人的威胁出现时，他们便把根敦群培释放了，并且还要求他撰写西藏历史。噶厦让他出狱是为了利用他。"

只是，此时的根敦群培已经被酒精和疾病打击得一蹶不振。他获释后，弟子喇琼阿波去拜访他，只见"他的头发披在脖子上，衣衫褴褛，散发着臭味。他骨瘦如柴，见到他的人仿佛觉得他马上就要昏倒。他一言不发，一动不动"。[1]他出狱后，精神憔悴，常常感到心力衰竭，几番挣扎后便陷入极度抑郁和消沉之中。就连深爱他的妻子次旦玉珍也忍不住抱怨："根敦群培出狱时，头发披肩，疯疯癫癫，已经离不开酒了。"[2]

根敦群培出狱时，尽管病魔缠身，行动不便，但他还是在友人的陪伴下回到了旺堆诺布——他被抓时居住的地方。他知道等待他的必然是铺满灰尘与蛛网的一片狼藉，但等到真正撕掉封条进屋后，他还是为眼前的残破景象所心伤。他发现所有的文献资料都失踪了，只余下被虫蛀得破烂不堪的一堆书稿，两本厚重的西方百科全书，还有一尊装在木箱子中的青铜佛像——这是他阿爸小时候送给他的。根敦群培轻轻擦拭着佛像，良久无言。

---

[1] 杜永彬：《二十世纪西藏奇僧：人文主义先驱更敦群培大师评传》，北京：中国藏学出版社，2000年版，140页。

[2] 引自杜永彬1997年9月对次旦玉珍的采访。

这之后，更敦索巴将根敦群培接到他家住了小半年。那段时间，霍康·索朗边巴将他的上师获释的消息通知了然扎活佛："他住在贡桑孜与夏扎（两大贵族住宅）之间的一户人家里，有两名安多人和他住在一起。他穿着一件羊皮褐衫，盖着一块灰白色的布，长发披肩。在他面前的那张桌子上摆放着一幅由他本人绘制的度母画像。"这是他留给世人的最后一个尚显精神的画面了。

随后，根敦群培的住所多次搬迁。他离开更敦索巴家后搬到"门孜康"住了一段时间，后来又搬到哲通兄弟为他提供的邻近哲通家的一间房屋居住。不久，他又搬到霍康家居住，最后住进了噶雪巴家。当时噶雪巴已被流放，他在那里住了几个月，教噶雪巴家族的子弟学习英语。为了照料根敦群培，玉珍也搬去同住。

这之后，根敦群培的境况好转了一些。1950年11月，噶厦采纳柳霞·土登塔巴提出的建议，为根敦群培提供了一套住房，住房设在大昭寺的"西藏外事局"所在地噶日夏并且同意向他提供部分津贴：一些青稞、酥油、茶叶以及后来并未兑现的五十元藏币，让他继续撰写《白史》。

由于青稞的配额太多，根敦群培请求噶厦将其折合成现金支付。他还希望换一个地方住，因为他只需要三小间住房，他的这些要求都得到了满足。后来索朗勒空（农务局）让他搬到大昭寺广场东侧的噶如厦三楼居住，内有一间小厨房，还有一间小储藏室。这一切并非噶厦弥补自己对根敦群培的亏欠，因为一切仍在噶厦的监视下。噶厦的官员就住在根敦群培隔壁，他们将根敦群培的住所打通，上厕所须经过根敦群培狭窄的卧室，目的正是为了监视这位已近风中残烛的"著名学者"。

虽然身体状况一落千丈，但根敦群培的智慧辩才并没有退步。他出狱后，不少僧侣登门拜访，有求教的，也有来挑战的。

当初在哲蚌寺时，根敦群培以无敌的辩才在全寺享有威名，哲蚌寺罗色林扎仓最著名的辩僧米亚觉尔本便向他发起挑战。这场辩论可算作是米亚觉尔本第二年参加格西考试的预演。他以为只要能战胜根敦群培，在整个西藏就是无敌的了。但是在辩论中，根敦群培故意变换几个论点，几句话就使得这位大辩师哑口无言，只得承认败阵。这次失败后米亚觉尔本很不服气，却一直没找到雪耻的机会。所以，当根敦群培从监狱里放出来之后，他便同哲蚌寺的四位学者来探访。

根敦群培知道他名为探访，实为挑战，却也不怯阵。根敦群培先声夺人地当着这些人的面向佛像脸上弹烟灰，吸入口中的烟也吐向佛像，然后他边吸烟边伸出手准备进行辩论。当这些吃惊的客人要求他不要做这些可怕的动作时，他就抓住这个题目诘问道："佛是否是人家恭维就欢喜，人家不敬就恼怒呢？"因为在佛教看来，修成正果的佛是不会因为外人的行为而改变内心喜怒的。于是，辩论就从这里开始了。

结果，五位大格西轮番上阵也无法驳倒病困交加的根敦群培，只得心悦诚服地承认再次失败。他们自叹："学了几十年经典，到头还是没有学通。"根敦群培笑着开解他们："自己先去观察，让自己产生疑惑，再去断除疑惑，在自己的相续中建立正见。先跟自己辩，让自己明白。但是身边还有很多人没有明白，这时跟他们辩，让他们也明白。这就是自觉觉他，让自己觉悟，让众生觉悟。"

听到这话，几位格西才知道根敦群培拥有的不仅是无敌辩才，更是真正的般若智慧。

但是，狱中嗜酒的毛病以及出狱后仍旧不宽松的创作环境让根敦群培"从监狱出来后，他已经完全不知道怎样过正常的生活，有些人给他送来物品，他也并不高兴。他大量地喝酒，接连地抽烟，对财物收支也不考虑"。这时的根敦群培不爱喝青稞酒，只喝藏白酒，喜欢吃面片和饺子。就这样过了一年左右，根敦群培的身体已经濒临崩溃，他无法行动，长期卧床在家。1951年藏历八月，根敦群培在拉萨噶如厦的住所去世，当时玉珍守在他的身旁。

根敦群培去世四十九天后，噶厦派人将玉珍赶出噶如厦。玉珍找霍康等人求情，被安排在墨竹工卡霍康家的庄园加玛泽康住了两年，在庄园里干捡麦穗等农活，维持生计。1953年，玉珍到"七一农场"参加工作，也许是因为比较讲究卫生，她开始是给炊事员当下手，后来到拉萨市区的"吉德林"小门市部卖菜，1956年入党。据其女婿尼玛回忆：当时的老太太剪的是短头发，"对工作是一心一意，认真负责，一分钱的便利也不会去占的"。他举了一个例子：1967年他们到拉萨休假时，当时老太太住在"德吉林"，因为拉萨武斗比较混乱，老太太把卖菜的钱放好后离开了，后来发现自己家里的东西丢了，但公家的钱没有丢，她一分不少地全部上交了。

至于根敦群培的女儿格吉央宗，她1942年出生于西藏昌都，她的名字是母亲当医生的爷爷取的。央宗生下来就没有见过父亲，1945年根敦群培回藏后不久，就被噶厦以莫须有的罪名关押起来，这时玉珍母女俩就在拉萨，近在咫尺却不能相见。央宗直到八岁时才第一次见到父亲，可是父亲身心已受到严重摧残，自身难保，无力照顾妻女。央宗九岁时，父亲因病去世，央宗只好到八廓北街的一户人家当佣人，为人家照看孩子，一直干到十三岁。1958年，十六岁的央宗离开拉萨，前往陕西咸阳，入西藏公学（西藏民族学院前身）学习，其间加入了中国共产主义青年团。一年后又被送到甘肃农业大学藏训班兽医系学习两年，学习结束后，又到西北民族学院畜牧科学习畜牧知识一年。1962年，二十岁的央宗从西北民族学院毕业，被分配到西藏阿里地区改则县东措区工作，同年与同在改则县工作的甘肃农业大学的同学尼玛喜结良缘。

央宗和母亲次旦玉珍退休后，她们拿着退休金和亲人生活在一起，享受天伦之乐。根敦群培生前未能弥补的遗憾，终于在多年之后，由他的妻女完成。

入灭·轮回

"快,趁热把药喝了。"玉珍轻轻走到根敦群培床边,将他扶起。

"咳!咳!"根敦群培刚一起身,便剧烈地咳嗽起来,"看来我的时候已经到了,再多灵丹妙药也没用了。"

"可别胡言乱语!"玉珍一边拍着他的背一边鼓励道,"你才四十九岁,人生只过了一半呢!"

"哈哈!"根敦群培苦笑了两声,"我可不想长命百岁。我这四十九年,已经比许多人的一生加在一起还要波折了。我已经走遍了天南和海北,也受够了嘲讽与困苦,是时候让我长眠了。"

听到根敦群培如此悲观的话语,玉珍忍不住掉下泪来:"你走了,我和女儿怎么办?"

"唉!我这辈子最对不起的就是你们,"根敦群培的眼角也泛出泪光,"从没让你们享过一天清福。我已经拜托霍康他们在我走后关照你们母女,你们就放心吧。"

"谁知道当你走后他们会怎么做呢?而且,他们就算能关照我们一时,能关照我们一世吗?你要真关心我们,就好好活下去,自己照顾我们!"说到这,玉珍早已哭成了一个泪人,手中的药也在颤抖中洒出些许。

"玉珍,我又何尝不想看到小格吉央宗长大成人的样子?但天命难违,直到今天,我才相信这一点。"根敦群培爱怜地摸了摸玉珍脸庞上的皱纹——这些年的风风雨雨,让这个美丽的昌都女孩失去了往日的娇艳,却多了几分坚毅。

第五章　诸事颠倒，自有安排

就这样相拥着静坐了半晌，根敦群培一边擦拭着玉珍脸上的泪痕，一边喃喃自语着："我记得从前阿爸生病时，一直跟我念叨着他小时候和弟弟嬉闹的场景。如今我躺在病床上，竟也常常想起那时候和姐姐一起在院子里玩耍的情景。那个院子一年四季都洒满阳光，我们几个叽叽喳喳的孩子整天就在里头跑来跑去，谁也拦不住我们……"

是的，终其一生，没有任何人、任何事能拦住根敦群培，除了时间。1951年8月15日，四十九岁的根敦群培终于没能再一次反抗命运。那天下午四点左右，他在噶如厦住处悄然离世。在这之前，和平解放西藏的《十七条协议》签订，中央人民政府驻藏代表张经武到拉萨后曾派医生为根敦群培治病，但终究为时已晚。

如今，在根敦群培噶如厦住处的原址上，兴建了一座根敦群培纪念馆。这是八廓街千年历史上第一座有关个人的纪念馆。而其纪念的既不是显赫的活佛，也不是无敌的英雄，而是一位死于贫病的安多学者。

关于根敦群培的死因，很多传略都以病逝一笔带过，但他的妻子次旦玉珍认为他是被毒死的。玉珍回忆说：在噶雪巴家居住期间，一天下午突然来了三个"不速之客"。除了噶雪巴的继子，还有两名英国人。一个据称是电工，一个则是报务员福克斯。他们上门时很是热情，还给根敦群培带来了一瓶酒，说是特意前来请教一些藏文方面的问题。

由于根敦群培声名在外，每日来拜访的宾客并不少。故而玉珍当时并未察觉到有什么异样，但根敦群培似乎有些害怕，他坚持不让玉珍离开，玉珍只得在一旁陪着。她记得那两个英国人问题请教得不多，倒是一个劲地给根敦群培劝酒。根敦群培虽然对他们颇有戒心，但着实有些嘴馋，不知不觉间便喝了很多酒，而那三个人却只喝了几小口。

当天晚上，根敦群培突然呕吐起来，玉珍在一旁照顾时发现，根敦群培的手和嘴唇也都有些发黑，这让她慌乱不已。之后，根敦群培的身体便彻底垮了。玉珍和亲人们据此怀疑是英国人在酒里下了毒，但妇道人家的话哪里有人在意，这事在葬礼后便不了了之。

根敦群培去世的地点是噶厦农务局所在地——噶如厦楼。当时根敦群培住在北面三楼，其斜对面有一家做象牙骰子的蒙古人，根敦群培的女儿格吉央宗就在这户人家当小佣人。格吉央宗后来回忆说：她从帮佣家的窗户可以很清楚地看到父亲。她清楚地记得，去世前，父亲的脸已经变肿，变黑了，整个人也十分虚弱。但他只要有力气，便会起身从窗户里往外张望，有时也望向女儿这边，朝她笑笑。

根敦群培的葬礼不算简陋，这位清贫一生的安多僧人终于在去世后享受了一回高规格的待遇：哲蚌寺派了很多僧人来为他送葬，他们将根敦群培的遗体置放在木轮马车上，一路为其做法事，吹法号。马车在八廓街转了一圈后将其送到色拉寺附近的帕邦喀天葬场天葬。

这位西藏天地的赤诚之子，终于将一切都还给了天地。

据玉珍回忆，除了经常说起他在安多的姐姐，临终前，长发披肩、骨瘦如柴的根敦群培居然还嚷着要和自己的弟子一块儿去漫游。或许，那颗在尘世间安息的灵魂，已经在其他地方开始了新的伟大征程。

终其一生，根敦群培都是充满矛盾和争议的人物。

他是佛教徒，却敢于跳脱出这与生俱来的身份，批判宗教生活中的无知和盲信；他一生贫困，却勇敢地漫游在中国西藏和南亚大地；他做学生时，"大逆不道"地批驳已有百年历史的经典教材；他做僧人时，"离经叛道"地过着十分随性的生活，用当时人们的说法是："诸戒皆破。"然而，他性格的桀骜并未减损内心的虔诚，他思想的圆融并未消解理想的炙热，他人性的不羁并未消磨灵魂的淳善。

根敦群培的一生总让人想起古希腊的苏格拉底，这位哲学家在世时同样勇敢地嘲笑着日渐腐朽的雅典社会。时代总是类似的，这样的社会实在难以诞生天才，因为一旦天才出现，人们就会千方百计地加以扼杀。因此，苏格拉底最终锒铛入狱，饮毒酒而逝，以此表达对那个社会的蔑视。而根敦群培同样是被关押后沉湎于酒精，直至憾然离世。"古来圣贤皆寂寞，惟有饮者留其名"，这是他们在用看似疯狂的自我摧残，来向腐朽的社会做出最后的反抗。

他们埋葬的不只是自己的天才,也是那个没落的时代。

这个时代,不配拥有他。

金无足赤,人无完人。根敦群培自然也有他的弱点和局限:一是对传统文化的价值判断偏激;二是对藏传佛教认识的偏差;三是民族主义思想较浓。受时代的局限,根敦群培学术研究的指导思想是人文主义和朴素的唯物主义,而不是辩证唯物主义和历史唯物主义。

但是,纵观根敦群培的一生,他既热爱藏民族,也热爱祖国,在他的思想中,民族主义是支流,爱国主义才是主流。早在1983年,藏学家李有义就指出:"根敦群培是我国藏族中的一位爱国主义者、民主主义者、朴素的唯物主义者。他处在帝国主义分子妄图分裂我国的活动中,他在封建领主的残酷统治下,在宗教气氛弥漫的环境里,不同流合污,茕茕孑立,难能可贵。"[1]他说,外国学者把他描绘成一位民族主义者是错误的。

可悲的是,根敦群培生不逢时。他生逢动荡不已的年代——无论世道,还是人心。动荡的世道让他备尝艰辛,动荡的人心让他熟知人情冷暖。在封建农奴社会,他几乎是孤军奋战。不过,也正是因为如此,根敦群培才能称得上是一个奇迹!后世学者认为:"他的出现几乎只能成为一个个案。"

在当时,佛教依旧主宰着整个西藏地区,根敦群培"离经叛道",甚至有些"疯狂"的言行实际上是在对抗整个封建农奴社会和政教合一体制。结果就是他得不到社会和藏族僧俗民众的普遍支持,当噶厦对他进行无理迫害时几乎是肆无忌惮的。作为思想先驱,根敦群培无疑具有同代人难以匹敌的"超前"性,然而,也正是因为这份超前缺乏社会土壤和民众基础,他最终就像伟大哲学家尼采一样,成了"新世纪的早产儿"和"精神早产儿"。这是多么可悲的一件事——当你满怀热忱地降生人世,却被告知:"孩子,这个时代暂时还无法接受你。"

---

[1] 李有义:《藏族历史学家根敦琼培传略》,载于《青海社会科学》,1983年第6期,第94页。

不得不说，根敦群培虽具有法国启蒙思想家伏尔泰的勇气和智慧，却缺乏他那样的斗争艺术，因而他用尽一生"打倒卑鄙"的同时，自己也"被卑鄙者所打倒"，最终年仅四十九岁便憾然离世。根敦群培为西藏的思想启蒙献出了宝贵的生命，后人尤其是藏族同胞不应忘记这一历史悲剧。

曾经有人这样评价意大利诗人但丁：他是中世纪最后一位诗人，是"新时代"的第一位诗人。从这个角度评价根敦群培，应该更为复杂。

20世纪中叶，西藏发生的那次规模宏大的历史转折，而今来看，在主要的社会指标上标明了两个截然不同的时代。至今才过去半个世纪，给人的感受却是那么久远。根敦群培不是旧时代的"诗人"，而是新时代的第一位诗人，他属于新时代，虽然他在新时代的曙光初现之际已经离去。正因为他的存在，那个时代的距离感不再遥远。

回望那个黑暗的时代，宗教首领执掌政教大权这一重要因素，导致西藏地区丧失了适应不断变化的环境和形势的机会，从而使经济停滞、思想禁锢、文化萧条、人才零落。正如根敦群培所讽刺的：

把隐晦尊为高明，
把猜忌当作聪颖，
一切陈旧都是神仙所传，
一切新颖必是鬼魅作怪；
大凡新奇的也视为不祥之兆！
这就是宗教圣地西藏的习惯！

这个守旧而又顽固的社会容不得半点儿新生的事物。然而，根敦群培从传统中走来，以发展的眼光、过人的胆魄超越了社会和文化的局限，清醒而客观地看到了传统中的糟粕，并且给予了最严厉的批判。

根敦群培为后人留下了宝贵的学术和思想遗产。藏族史学家恰白·次旦平措说："根敦群培像蜜蜂一样，飞遍各个山谷原野，从各地芳香的鲜花那里采取花粉，酿成甜美的蜂蜜储存起来，为我们藏族汲取世界上宗教和世俗的各种新旧文化精华，用藏文的形式集中和储存起来……价值无法估量的珍贵的著作和资料，他的这些崇高的行为，无论从政教新旧的哪一方面来说，都是一个伟人的无比的杰出事迹，这是谁也不能否认的……不要说根敦群培的一部完整的著作，就是他的一两首偈颂，对于我们都有开启智慧的特殊作用。"他还说，根敦群培在其论著中"所表达的思想，对于我们研究西藏社会和历史的人来说，犹如在黑暗中亮起一盏明灯，使人心智豁然开朗……他的这些学术成就，应当使20世纪的藏族人民感到自豪"。[1]根敦群培的学术和思想遗产的亮点，是学术观念、治学方法和人文思想，这是他对藏族学术文化史和思想史做出的划时代的贡献。根敦群培在中国现代学术史和思想史上应当占有一席之地。

时光虽然流逝，人心毕竟公正，在根敦群培逝世六十年后，人们依然在家里悬挂他的画像，不是那张暮年的落魄模样，而是当年容貌清正的青年僧人模样——一袭黄僧衣，眼神冷静而睿智，尤其是那微张的嘴，好像就要说出什么石破天惊的言语。

一切尘埃落定，拉萨人开始怀念这位举止奇异的僧人。在八廓街的唐卡店里，一位唐卡画师将根敦群培的画像贴在橱窗最显眼的位置，他将根敦群培视作偶像，一刻不停地打磨自己的技艺。在小昭寺北巷的一间茶馆里，煮茶的大妈常常跟人说起，根敦群培那位美丽而坚韧的妻子，时常在八廓街转经。在颇章萨巴巷的一间小酒馆里，有位宿醉的老人夜间酒酣时，会站起来大声吟诵根敦群培的诗句。

这人世交织着欢乐与痛苦，
但临终却也颇值得留恋。

---

[1] 恰白·次旦平措，诺章·吴坚，平措次仁著，陈庆英等译：《西藏通史·松石宝串》，拉萨：西藏古籍出版社，1996年版，第963页、第970页。

世间的人儿哟，
当努力为后人留下作品！

我们很幸运，能看到根敦群培的作品。这是多么珍贵的一份精神遗产！

最后，且改写法国革命家布朗基在牢狱中写下的诗句，来纪念根敦群培先生——宇宙是如此广大，接近无限。因此，我们每个人栖居的地球，也不只是太阳系的一颗特殊的行星，它同样存在于无限之中。这个地球上的根敦群培最终死于穷困和酗酒。但是，我们相信，在茫茫太虚里悬浮着的其他地球上的根敦群培，也许依旧在随心所欲地，书写着让他、让整个世界悸动的一切。

主要参考文献

[1] 根敦群培. 根敦群培文论精选[M]. 格桑曲批译. 北京：中国藏学出版社，2012.

[2] 根敦群培. 根敦群培著作[M]. 霍康·索朗边巴等编. 拉萨：西藏藏文古籍出版社，1990.

[3] 根敦群培. 白史[M]. 法尊法师译. 北京：中国藏学出版社，2012.

[4] 根敦群培. 中观精要：龙树心庄严[M]. 达瓦桑波整理；白玛旺杰翻译. 北京：中国藏学出版社，2012.

[5] 杜永彬. 二十世纪西藏奇僧：人文主义先驱更敦群培大师评传[M]. 北京：中国藏学出版社，2000.

[6] [法]海德·斯多达. 安多的托钵僧[M]. 巴黎第十大学人类学研究会，1985.

[7] 恰白·次旦平措，诺章·吴坚，平措次仁. 西藏通史·松石宝串[M]. 陈庆英，格桑益西等译. 拉萨：西藏藏文古籍出版社，1996.

[8] 根敦群培. 根敦群培日记[M]. 拉萨：西藏人民出版社，2013.

[9] 中国藏学研究中心. 根敦群培研究60年[C]. 北京：中国藏学出版社，2012.

[10] 更敦群培. 更敦群培文集精要[M]. 格桑曲批译. 拉萨：西藏人民出版社，2013.